大家史说

# 清代史事与人物

苏同炳/著

紫禁城出版社

**图书在版编目（CIP）数据**

清代史事与人物 / 苏同炳著. — 北京：紫禁城出版社,2010.1
（大家史说）
ISBN 978-7-80047-921-2

Ⅰ. ①清… Ⅱ. ①苏… Ⅲ. ①历史事件-研究-中国-清代②历史人物-人物研究-中国-清代 Ⅳ. ①K249.05 ②K820.49

中国版本图书馆 CIP 数据核字 (2010) 第 013083 号

清代史事与人物
作　　者：苏同炳
责任编辑：王冠良
封扉设计：赵　谦
出版发行：紫禁城出版社
地址：北京市东城区景山前街 4 号　邮编：100009
电话：010-85007816　010-85007808　传真：010-65129479
邮箱：gugongwenhua@yahoo.cn
制　　版：保定市万方数据处理有限公司
印　　刷：保定市中画美凯印刷有限公司
规　　格：1/16　787×1092mm
14.25 印张　180 千字
版　　次：2010 年 4 月第 1 版
2010 年 4 月第 1 次印刷
印　　数：1-4,000 册
书　　号：ISBN 978-7-80047-921-2
定　　价：28.00 元

# 目　录

# 陈圆圆与冒辟疆

鼎湖当日弃人间，破敌收京下玉关。恸哭六军俱缟素，冲冠一怒为红颜。红颜流落非吾恋，逆贼天亡自荒谳。电扫黄巾定黑山，哭罢君亲再相见。相见初经田窦家，侯门歌舞出如花。

清代大诗人吴梅村所写的《圆圆曲》，借陈圆圆一生传奇性的悲欢离合，讽刺吴三桂之不惜为一女子而作出无父无君不忠不孝的千古罪行，读过此诗之人，相信早已对吴三桂陈圆圆的故事有了大致的认识。中视播映的历史剧《陈圆圆》，在“相见初经田窦家”之外，又插入了一个拔刀救美的草泽英雄刘宗敏，并安排他很早就与身为周皇亲家护卫的吴三桂成为情敌，其后来的发展，必然会走“宫闱、爱情、战争”，及刘吴二人为争夺陈圆圆而拼个你死我活的三角恋爱故事。以整个故事情节而言，构想不为不美，内容不为不离奇，其奈在历史上实在找不到证据。能够在历史上找得到证据的情形是：陈圆圆在未入周皇亲家之前，曾经与当时极为有名的贵公子冒辟疆有过一段深厚的感情，她当时的身分则是苏州的名歌姬。既然陈圆圆是欢场中的著名人物，似乎不太可能有机会与草泽英雄发生感情纠葛。

## 陈圆圆原是苏州名姬

冒辟疆与董小宛的故事，在冒辟疆所写的《影梅庵忆语》中有源源本本的叙述，缠绵悱恻，感人之至。董小宛后来被附会成为顺治皇帝的宠妃董鄂氏，皇帝甚至为了她的死而出家做了和尚，其故事更为离奇曲折。为此之故，冒辟疆也成了清初的传奇人物，闻名遐迩。但《影梅庵忆语》所写的虽以冒辟疆与董小宛的爱情故事为主，其开头部分尚有陈圆圆在内。

在《影梅庵忆语》中曾经与冒辟疆有过婚嫁之约的陈圆圆，只被称为“陈姬”而未曾写出全名。这无非因为冒辟疆在撰写此书之时，吴三桂已经是大清皇朝的平西亲王，陈圆圆也成为吴三桂的王妃了。冒辟疆不敢得罪权势熏天的平西亲王吴三桂，当然只好隐去陈圆圆之名，而只称之为“陈姬”。至于何以知道陈姬即是陈圆圆？则有两点事实可以证明。第一，“陈姬”与陈圆圆同为当时苏州极有名的歌姬，第二，陈姬与陈圆圆当时同为“窦霍豪家”所掠去。所谓“窦霍豪家”，是以汉朝极有名的窦、霍两家外戚来比喻当时的皇帝外家周皇亲。同为苏州歌姬又同为当朝贵戚之家恃势掠去，更巧的是二人又都姓陈，而事情又发生在同一时间，世界上哪有这么多巧合的事情？由此当然可以证明，冒辟疆所说的陈姬，即是陈圆圆无疑，只是他不敢显示其名而已。

《影梅庵忆语》的开头部分，叙述冒辟疆在崇祯十二年夏间因参加考试来到南京，耳闻秦淮名妓董小宛之大名，在考试下第之后数度往访不遇，最后只在董小宛醉后一见，匆匆遂别。崇祯十三四年时，冒辟疆又曾数度到京相访，亦因董小宛出游西湖及黄山之故，未能相值。就在此时，另一个苏州名妓陈圆圆就出现了。

## 冒辟疆初见陈圆圆谓其歌艺令人欲仙欲死

《影梅庵忆语》记此云：

许忠节公赴粤任，与余联舟行。偶一日，赴饮归，为余曰："此中有陈姬某，擅梨园之胜，不可不见。"余佐忠节治舟，数往返，始得之。其人澹而韵。盈盈冉冉，衣椒茧时背，顾湘裙，真如孤鸾之在烟雾。是日，演弋腔红梅，以燕俗之剧，咿呀啁啾之调，乃出之陈姬声口，如云出岫，如珠在盘，令人欲仙欲死。漏下四鼓，风雨忽作，必欲驾小舟去。余牵衣订再晤，答云："光福梅花，如冷云万顷，子能越旦偕我游否？则有半月淹也。"余迫省觐，告以不敢迟留故。复云："南岳归棹，当迟子于虎疁丛桂间。盖计其期，八月返也。"

冒辟疆之父冒起宗，时任湖广省之衡永兵备道，驻扎衡州。冒辟疆由如皋经苏州赴湖广省，水程往返需时四五月，陈圆圆计算其归期。订于八月间与冒辟疆相聚于苏州。

## 冒、陈第二次相见便私订终身

这以后的情形，据《影梅庵忆语》所记如此：

余别去，恰以观涛日奉母回。至西湖，因家君调已破之襄阳，心绪如焚，便讯陈姬，则已为窦霍豪家掠去，闻之惨然。及抵阊门，水涩舟胶，去浒关十五里，皆充斥不可行。偶晤一友，语次，有“佳人难再得”之叹。友云：“子误矣，前以势劫去者，赝某也。某之匿处，去此甚迩，与子偕往。”至果得见，又如芳兰之在幽谷也。相视而笑曰：“子至矣！子非雨夜舟中订芳约者耶？曩感子殷勤，以凌遽不获订再晤。今几入虎口，得脱重晤，子真天幸也。我居甚僻，复长斋，茗碗炉香，留子倾倒于明月桂影之下，且有所商。”余以老母在舟，缘江楚多梗，率健儿百余护行，皆住河干，矍矍欲返。……越旦则姬淡妆至，求谒吾母太恭人，见后仍坚订过其家。乃是晚，舟仍中梗，乘月一往相见。卒然曰：“余此身脱樊笼，欲择人事之，终身可托者无出君右。适见太恭人，如覆春云，如饮甘露，真得所天，子毋辞。”余笑曰：“天下无此易事，且严亲在兵火，我归，当弃妻子以殉。两过子，皆路梗中无聊闲步耳，子言突至，余甚讶。即果尔，亦塞耳坚谢，无徒误子。”复宛转曰：“君倘不终弃，誓待君堂上画锦旋。”余曰：“若尔，当与子约。”惊喜申嘱，语絮絮不悉记。即席作八绝句付之。

## 陈圆圆在与冒完婚前为周皇亲掠夺而去

事情发展到这一地步，妾既有情而郎亦有意，于是冒辟疆与陈圆圆终于订下了婚约，但迎娶之期则需在冒起宗能由襄阳兵备道调职至完善地区之后。因襄阳乃流贼屡次窜扰之地，守土大吏随时可因失守封疆致陷于不测之罪，冒家上上下下此时正在多方打点活动为冒起宗调差，在未能成功之前，冒辟疆不可能犯此大不韪之罪名，纳陈圆圆为妾。就在这么辗转耽误之间，时间已由崇祯十四年进入十五年。这年二月，消息传来，冒起宗已有希望调开襄阳了。冒辟疆当时正在常州，得信后便即往苏州谋晤陈圆圆告此喜讯。及至苏州，方知陈圆圆已在冒辟疆到苏州的十日之前“复为窦霍门下客以势逼去”矣。这一次的陈圆圆被掠，是真非假，从此之后，陈圆圆就被周皇亲“夺归永巷闭良家，教就新声倾座客”，开始了她此后渺茫的命运。此后的命运如何？“此际岂知非薄命，此时只有泪沾衣。”“错怨狂风荡落花，无边春色来天地。”由周皇亲将陈圆圆赠与吴三桂而使陈圆圆成为吴之宠妾，更因吴陈之结合而直接影响到后来的“吴三桂搬清兵”。从此冒辟疆与陈圆圆的关系，就被割断了。

## 明末教坊名妓多择贵公子而嫁

陆次云所撰《陈圆圆传》说：“圆圆姓陈，玉峰歌妓也，声色俱绝。”钮琇《觚剩》亦称陈圆圆为“名妓”，并说她“年十八，籍隶梨园。每一登场，花明雪艳，独出冠时，观者魂断”。明朝末年，南京苏扬一带物阜民丰，社会繁荣之极。擅长声色歌舞的教坊名妓，都可以在纸醉金迷的繁华生活中博取丰厚的缠头之赀，然后择人而事，嫁为名公子或达官显宦之姬妾。这些人物的恋爱故事，流传于后世的极多。最著名的，如钱谦益之与柳如是，龚鼎孳之与顾媚，李香君之与侯朝宗，以及冒辟疆之与董小宛等。假如不是陈圆圆中途被周皇亲劫夺而去，她当时所嫁的必是冒辟疆。果真如此，则后来的吴三桂搬清兵及顺治皇帝出家等重大历史变故，都会将是另一种演出方式了。然而，我们现在的编剧家不但不知道这其中的关系，还在那里竭力炮制陈圆圆吴三桂及刘宗敏之间的三角恋爱故事，又以未被周皇亲抢去之前的陈圆圆只是一名淳朴无华的乡下大姑娘，真不知道是从哪里说起的话！

# 《彭公案》的主角彭鹏

## 以“彭朋”影射“彭鹏”

在我国的民间文艺中，《彭公案》是流行得很广的一部通俗小说。此书与《包公案》、《施公案》、《刘公案》等公案小说一样，都是以历史上的真实人物作为主角，然后以夸张渲染的手法附会了许多荒诞不实的侠义故事，在真假不分的情况之下，很容易使观者着迷，误以为历史上的包龙图等等人物，确曾有过如此这般的伟大故事。

这当然是不必要的误会，其错误在撰写这些公案小说的作者，不应该如此无中生有地向壁虚构。

《包公案》的主角是宋朝时的包拯，《彭公案》与《施公案》的主角，是清康熙时的彭鹏与施世纶；《刘公案》的主角则是清乾隆时的刘墉，香港邵氏公司所拍的几部乾隆下江南故事，陪侍在乾隆皇帝左右，以滑稽多智见称的那个刘大学士，就是他。包拯的故事，谈者已多，彭鹏、施世纶、刘墉等人的故事却少见谈及。所以在这里谈谈彭鹏。

出现在《彭公案》中的彭大人，名彭朋，字友仁，四川成都府的驻防旗人。这乃是小说家惯用的影射手法，以字形或音义略有不同的另一个人名，影射历史上的真实人物，如此乃可避免被人指责为歪曲史实，或毁谤时政。其实则小说家所影射的是何人物，只要稍微稽考史实，便不难一目了然。其原因是由于彭鹏乃是康熙时的有名清官，以三河县知县起家，官至巡抚；小说中的彭朋，与彭鹏二字的字音相同，又曾在三河县知县任内锄抑豪强，铲除恶霸，几乎因此被恶势力所压垮，这与彭鹏官三河县知县时的情形大致相仿佛。后来又因皇帝之赏识而官至巡抚，凡此情形，怎能说不是彭鹏其人的缩影？所以说《彭公案》乃是以彭鹏为主角的通俗小说，当是不争之事实。所值得研究探讨的是，《彭公案》虽以彭鹏为主角，此书对彭鹏其人的了解，却实在太少。因此，我们如欲通过《彭公案》这部小说去了解康熙朝的这位伟大清官，当然也是不可能的。

彭鹏在《清史》中与于成龙、陈瑸、施世纶、陈鹏年等四人同列一传，他们都是康熙朝的有名清官，屡见康熙帝的亲口褒嘉。不过，史书中的传记都十分简略，要希望从史传文字中去充分了解彭鹏的生平事迹，颇不可能。必须多参考其他与他有关的史籍，如文集、年谱、书信之类。

彭鹏在康熙三十年至三十三年时官工科给事中，因在廷议中与廷臣忿争，命解职，以原品效力于江南河工，至康熙三十六年，方召回为刑科给事中。就在效力河工的时间内，彭鹏刻过他的第一部文集，名为《古愚心言初集》。收录在这部文集中的许多文章，能为我们提供极多关于彭鹏的传记资料。

## 早年事迹及其家世

通过这些资料，我们就可以比《清史》本传所记，多知道许多关于彭鹏早年与其先世的事迹。

《清史·彭鹏传》说：

> 彭鹏，字奋斯，福建莆田人。幼慧。有与其父仇，欲杀鹏，走匿得免。顺治十七年，举乡试。耿精忠叛，迫就伪职，鹏佯狂示疾，椎齿出血，坚拒不从，事平谒选。康熙二十三年授三河知县。

彭鹏在康熙二十三年时出任三河知县，以其生年推算，当时已四十八岁。四十八年中的事迹，在不足百字的寥寥一段中概括叙述，既嫌简略，更不足以了解彭鹏的思想、性格、家庭背景、生活环境等要件，而这些条件正是影响彭鹏一生行事的重要因素，岂可等闲视之？彭鹏之一生，苦节自持而坚强不屈，这些性格方面的要素，在他早年时受他父亲的熏陶影响极大。而他幼年以至成年时的家境，一直都十分穷困，这又当是造成他后来含辛茹苦、不肯自耽逸乐的重要影响所自。不知道这些，就不容易了解彭鹏何以会如此粗粝自甘，永远如苦行老僧一般的性格。所以我们需要从《古愚心言》的有关资料中去多方探索，将《清史·彭鹏传》中关于这方面的记述尽力加以补充增添，庶几可以帮助我们了解彭鹏之所以为彭鹏的原因。

《古愚心言》卷三，有彭鹏所撰的一篇《先考妣合葬圹志》，其中记述彭鹏高曾祖以次的五代名号及出身仕履如次：

> 高曾祖——名甫，号忍庵，进士出身。由户部郎出为广西督学，湖广观察，以忤珰故，致仕归。
>
> 高祖——名大治，号定轩，进士。由户部郎历任扬州、叙州、韶州等府知府，升长芦都转盐运使，未及履任而卒。
>
> 曾祖——名文质，号从野，进士。曾官广东揭阳知县、广西桂林知

府，历升至广西布政使司左参政，殁赠兵部左侍郎。

祖父——名宪安，号后从，进士。广东阳山知县。

父——名汝柏，字伯梁，号一复，排行第五，白身。

彭鹏之父汝柏，是明末清初之人，生于明神宗万历三十年壬寅，卒于清圣祖康熙十八年己未，因何读书而未能进学，不详。至其祖父之上，则都是明代的甲科进士，最高的仕迹曾至三品的参政，宦途不可谓不显。但其家世清贫，完全不是明朝士大夫居官则贪、居乡则横的模样。《古愚心言》卷二《先考遗训述》，曾有这方面的记述，云：

清白传家垂训后世

己未秋，先考病剧，已而神复爽。一夕，命炷香，正容危坐，召不孝鹏曰："儿坐，语汝。"跪而泣。先考曰："坐而言，起而行，泣毋庸也。"乃训曰："儿知尔父少而苦，长而辛劳，老而敬慎若不逮乎？尔祖大参之子，都运之孙，督学之曾孙也，为名公子，糊其口于四方。尔父年二十四始授室。还记幼时，青衫布履，肘踵尚及见，食于兄嫂间，贫也。饥寒内忍，困而失学。比及尔母糟糠，始学帖括，囊萤引锥虽无补，然亦粗知大义。及尔祖以英德外翰为阳山明府，尔父未尝一日从。曾手禀曰：昔揭阳大参之所宰也，广人遗爱，父与诸伯父贫如故。今父宰阳山，不肖甘食贫。报曰：而真清白子孙也。"又曰："尔大父虽仕，无田不祭。尔父大父从野松历仕中外，赠左司马，清白供笾豆而已。尔父曾大父高大父督学都运二公暨版部悫庵公合祀钱塘清德祠，岁时伏腊不掩豆。吾九世祖足翁公为吾家钱塘始祖，祭亦无田。尔父以躬耕栉沐，积薄园薄田若干亩餬予口，今以其半为吾父母蒸尝，以其半蒸尝尔父母，以视版部、督学、都运诸祖，则已过矣。"

彭鹏的先世，在明朝以进士出身的甲科人物历官至三四品的参政、运使与知府，如果要借此贪污营私，殖产自肥，当非难事。然而由上文所述可知，彭鹏的这些列祖列宗，并未在莆田原籍买田买地，卒致死后无一亩之祭田。反不如彭鹏之父，以躬耕力田而积有薄田数亩。比较起来，彭家上代之累世仕宦，应该可以说是清白传家而不坠家声的了。由于彭家上代累世清贫，传到彭鹏手里，虽然尚有薄田数亩，毕竟仍是贫困不堪，常时衣食不继。这在彭鹏所撰的《哭内子黄孺人词》中，尤有明白的记述。词云：

> 痛哉细君，死生契阔之感，最易伤神，艰苦患难之思，何堪回首？自君甲申归我，与吾除夕结缡，馆借爱余，瓶无盈贮。元旦甫餐粝饭，对食齐眉，三朝即下冰厨，作糜洗手。前兹淡泊城居，还云闺秀，嗣是困穷乡徙，溷迹村庄。乍看牛衣，甘同冰蘖。突少烟而灶冷，何处折薪？釜生鱼而滴涓，无由挹水。满园坠叶，奚落半肩，出户清泉，荷担十指。人写憔悴，鸟让卒养。麦熟双手为舂，非杵非足；麸成两轮自碾，千转万回。统计经年之中，何境不艰，舂碾特书其概；看来百役杂作，浑身是苦，水薪聊括大凡。休问阴晴，冲风或兼冒雨；可怜分娩，落地不暇卧床。饥时弗忍姑知，充肠釜沥；病日哀惟自鞠，绝口刀圭。曾将黄土染蔴，裁袴度暑；又以芦花代絮，薄被耐寒。衣百结而名鹑，蓝几成缕；发非膏而蘸水，冻即凝冰。纵世间孤蘖愁人，当无再似；虽男子饿肤苦志，未必或踰。

由这段文字的描写可以知道，彭家虽然累世仕宦，其实却是贫寒彻骨。彭鹏在这种情形之下能够笃守父训，自甘贫素，又能在出仕之后矢志不移，其操持之坚，确非常人之所能及。至于他后来之力拒伪命，卧榻三年，以绝食及椎齿出血的方法伪装肺病已极严重，终于躲过了耿精忠政府的一再迫胁，这种临难不苟的大无畏精神，看起来更加使人凛然起敬。

## 中举人犹贫窭如故

彭鹏中乡举，在顺治十七年庚子科，荐卷得售的阅卷官是浙江永嘉籍的漳州府推官王锡琯。这一年的福建乡试，发榜时间迟到十月。十一月初八日，彭鹏方才在得报后趋福州谒见老师。复因时间追促，措处赴京会试的旅费无着，迟迟不能起程。直到王锡琯由福州回漳，道经莆田，遇见彭鹏而问起此事，急急设法帮助他的旅费，又赶办行装，方才能够勉强起程。行至建宁县大溪滩，因旅途治安不宁，前舟被盗所劫，旅客亦被杀伤，心怯而回，就此错过了第二年的会试机会。再过三年，值甲辰会试之期，方欲收拾行装，又因省中胥吏借庚子科旧案为由，被摈不得与试。到了康熙六年丁未科，九年庚戌科，十二年癸丑科，彭鹏凡三上春官而三不第。据他在四十岁自撰的墓志铭中所说，不中的原因是“不肯作俗下文字”，故不能为考官所识拔。通算起来，则他在顺治十七年中举以后，共历五届会试之期，迄未能中式成进士。

这以后，就到了康熙十三年三藩之乱，耿精忠在福建起兵抗清，又下令征召全省有科名的缙绅一致为他的政权效力，而彭鹏坚拒不屈的危急存亡之秋。这时候，彭鹏三十八岁，距离他二十四岁中乡举，已经隔了十四年之久。此时彭家的境况如何？可以看他在康熙十四年七月呈请莆田县乞免本身应缴月饷银五分的状词。状云：

为久病残喘如丝，贫家半文莫措，泣免本身月饷事。窃惟有丁有饷，即赤身而输纳，难乞蠲除；真病极贫，当垂死则呼吁，谁堪比例？鹏自去年，蹇患吐血剧疾，死去不省人事，或竟日夜，或一二日夜，支床四百余日，门荒罗雀，釜冷生鱼，惨矣倒悬，伤哉待毙。近催月饷，本铺家户皆完，独鹏辗转病榻，铺甲叫号衡门。盖赤身者或有攸往，而垂死者断无复之也。不已乞呈本府，蒙批存案存照。窃念残喘如丝，浮生已同萍梗；半文莫措，逢人枉说莲花。叩乞老父台俯垂不报之施，曲加当厄之与，准免鹏本身月饷五分。惠此蠲除，不禁失声似丐；若忧比例，谁甘借口将亡？一笔矜怜，寸心衔结。切状。

在这篇状词内，彭鹏为了求免本身应纳的每月丁饷银五分，至于将自己比作哀哀求讨的乞丐，而以残喘待毙的垂死之人自况，看来实在令人恻然不忍。彭鹏之所以要如此厚颜哀告，一方面固然希望借此感动伪官，借以放松对他的迫促，另一方面却也未尝不是实际情形的写照。试看他在奉旨补授为工科给事中后，写给他儿子圣坛的家信中，就有如下的话，说：

腊月七日入京，八日诣吏部堂。宣旨，例俟皇上御门谢恩，是夜斋宿城外。九日黎明，先赴海子，望红门叩首，十日入垣。先是，京师传者钦述天语云："彭鹏真贫，若不补授，想在籍未必即来。"每听涕零。

彭鹏之贫，至于在历官三河县知县六年之后，犹能上彻康熙帝之"天听"如此，然则他在未曾服官之前的贫困情况，当然更是有过之而无不及的了。在这种情形之下，他还能够以绝粒坚拒伪命至三年之久，全不顾及对家庭生计之影响如何，这种铁石心肠似的奇人，真不愧是血性男儿。

## 绝食卧床装病拒伪

彭鹏以绝食卧床的方式装病拒伪，史传中只以"佯狂示疾，椎齿出血"

的寥寥八字一笔带过，殊不足以显示彭鹏在三年长时间中所经历的艰难困苦。这其间的大概情形，仍以《河渚寄哭内子黄孺人词》中的叙述较为赅括，抄一段如下：

甲寅变乱，中遭闽逆猖狂，托病避人，绝粒拒伪。先与君约，明听我行；日敕绿豆一杯，去渣存汁，暮供白水三勺，销肉剥肤。君曰：殆哉！我吁：已矣。其始症称咯血，牙龈暗椎，久后便汙滑肠，床箦为厕。二十五回饿魂莫测，口谨呼苍；一千余日残喘垂危，脚忙礼佛。

由此可知，彭鹏之所以要在伪官来验时椎齿出血，乃是要借此伪装肺病咯血，以示病将不起；而其绝粒卧床之目的，则是要借此毁销形体，以证实其肺病咯血的不起之状。如果说，上文尚不能十分看出彭鹏借病拒伪的艰苦困顿之状，则下面的文字亦可作参看之用。《古愚心言》卷一，《拒伪第四状》：

具状七十五岁者彭汝柏，为男命惨当将死，宪檄叠催未完，吁请注除，一字一泣事。苦柏男彭鹏，于甲寅六月吐血，七月奉催录用。随蒙奉谕举荐，俱以患病哀吁转详在案。病死而苏七次，延至本年正月十五日，又死一次，三月十五至二十一，连死七日，五月十七死一次，闰五月十六死一次，六月十八死一次，本月初八日死一次，呼吸盖棺，斯须就木。……媳刲股焚臂以身代，柏呼天抢地将畴依？血泪已枯，髓敲无措，此则医生邻里及合郡所共闻，各衙门所共谂者也。缘奉宪檄，男鹏名厕檄内。虽皂吏望见病榻，自然却走，奈上宪概行严檄，终属未完。伏念蝼蚁微躯，离魂何能匐诉？不已禽犊私爱，将死代为哀鸣。乞赐俯怜，将男鹏名扣出，以结前件。委为必绝之线，匪望回生之路。切状。

彭鹏三年之中装病卧床，起初是以绝粒之法销毁形体，而在长时间节减饮食，及久服绿豆汁造成泻泄不愈的情形之下，到后来真的因营养不足而致身体虚弱不堪，病骨支离，奄奄一息。所以上文中所说的某月某日病死一次，某日至某日连死若干天，都是因身体极度衰弱而造成的晕厥休克，其间并无捏饰虚伪。因拒受伪命之故而致不惜自戕躯体到此地步，不但他的老父妻子目击伤心，即是旁人亦不禁为之一掬同情之泪。其后来的情形，略如他在《奉查不染伪亲供状》内所写：

> 彭鹏，年四十一岁，贯莆田县左厢三图民籍，由世祖庚子科福建省中式举人，至今上庚戌年吏部题拣选知县。身虽草莽，久矢葵心，地即寒微，常怀竹节。缘康熙十三年三月以后及康熙十五年十月以前，叛者猖狂，奸人窃附，效仲连宁负东海以死，学墨胎甘赴西山而饥。遂于前后三年，绝粒饮水，因而颠连千日，饿仆伏床。迭遭伪枢密伪曹院征檄坐名，伪吏曹伪布政令牌起送，节经伪知府伪知县限期迫趣，伪典史伪县丞赍票严查，屡差阴阳，到宅守催，曾委经承，就床面验，事件雷电，军令斧钺，动云规避，加以抗违，年月备载原文，府县叠有伪案。当日历寒历暑，拥被蒙头，彼时无罪无辜，校履灭趾。足爪盘曲径寸，腰支断续余丝。颊上生尘，形骸积成土木；人前遗矢，溲溺故污荐床。旁置一棺，泣言待毙，伏穿半枕，羞语偷生。所以官吏咸为感动，郡邑屡代回详，前后起送卷宗，概无彭鹏姓名，案据卷据，昭然确然。

孟子说："天将降大任于斯人也，必先苦其心志，劳其筋骨，饿其体肤，空乏其身，行弗乱其所为。"由彭鹏在康熙十三年至十五年间绝食拒伪，几至一命不保的情形看来，他这种历尽艰危而矢志靡他的坚贞大节，实在已具备了出当大任的条件。再加上他在三河县作知县六年，在盘根错节的困难环境中不辞艰难困苦，备尝辛劳的卓越表现，自然足以使当时的康熙帝认定他是一个肯爱护百姓而能当大事的有用人才。于是便奠定了他此后能够在政治上出人头地的基础，成为康熙一朝有名的“好官”之一。

## 骨头硬于铁石的强项令

彭鹏因拒绝接受耿精忠政权的征召而称病卧床，在长达两年多的时间中甘心受饥饿与疾病的煎熬，这种不平凡的志节，已经足以使人比拟为铁石心肠的了。然而在彭鹏自己看来，他的决心，要比铁石尤为坚硬。他在写给儿子圣坛的家信中，曾经说过这样的话：

吾儿素指汝父为铁石人，夫石尚可转，铁亦可煅，汝父盖不止石与铁也。

彭鹏写这封信时，他已在三河县作知县了。三河县在通州的东面，距离北京很近，也是由北京前往关外的驿路所经之地，地位冲要，而境内又多旗人的田庄，汉满杂处，旗人的庄头又最好恃仗满洲主子的势力横行不法，所以素来有“难治”之称。彭鹏以一个骨头硬过铁石的强项令来任三河知县，当然会出现许多可歌可泣的感人事迹，于是构成了《彭公案》一书的故事来源。虽说《彭公案》中所叙的彭鹏治三河县之事迹并不能与实际情形相符，但是其起源乃由于彭鹏在三河县的许多不平凡表现而起，总是不错的。小说为了增加读者的兴味而随意添改渲染，正是一般的通病，不足为奇。

彭鹏作三河县知县，自康熙二十四年至二十九年，前后历时六年。《清史·彭鹏传》叙此，只说：

康熙二十三年，授三河知县。三河当冲要，旗民杂居，号难治。鹏拊循惩劝，不畏强御。有妄称御前放鹰者，至县，索饩牵。鹏察其诈，縶而鞭之。治狱摘发如神，邻县有疑狱，檄鹏往鞫，辄白其冤。

这一段话，看起来虽然好像是对彭鹏褒美有加，其实却未能尽其什一。因为彭鹏一生的宦迹，由知县起家，历经黄门给事、贵州按察使，及广西、广东二省之巡抚，其政绩之最有可称，又最能表现彭鹏之个性者，就在三河知县的六年之中。要了解彭鹏如何为忧劳民事而忘身尽瘁，在三河知县任内有最具体的事迹可以覆按。别的暂且不说，只看他在初上任时的那种苦节自励的光景，就不是一般人所能企及。《古愚心言》卷二，《寄示坛儿语十四》云：

儿还记乙丑七月十二日偕赴泃时乎？自通州渡河遇雨，觅一破乘为儿代雨具，吾骑七十里水中行。抵泃，入东门，水深三尺。至寓，与旧明府借一袍换，自衫及裤，闭门脱卸，取熨斗熨，稍湿穿出接印。儿后至，浑身亦淋漓，燃黍秸为火烘衣，相顾太息不下咽。吾于城隍庙斋宿，御蚊无幛，通夕刺肤不能寐。

三河县东临泃河，所以三河县古称临泃；上文中所说的“泃”，即是三河县，乙丑则是康熙二十四年。彭鹏在康熙二十三年经吏部选授三河知县，到了次年之七月间方才赴三河县接任。时当初秋，途遇霖雨，全身沾湿，而彭鹏的官服仅此一套，淋湿便无可换，只好向前任知县借袍暂穿，等把脱下的湿衣熨烫略干，便穿上尚未全干的衣服去接印任事。翌晚斋宿城隍庙，又因无蚊帐而被蚊子叮咬得通夕无眠。凡此种种，所显示的无非只是一个贫字。彭鹏家素清贫，居乡拒伪时本已穷至衣食不周，如今到三河县来作知县，也依然其贫如故。他这种打定主意要做清官的决心，可以在他写给仲弟、季弟的信中看得出来。《古愚心言》卷二《寄仲弟季弟语》云：

打定主意要做清官

普天下争于名利关头营营恋恋，汝寡兄胸中绝无此两字。所以造化老子直置诸无名无利之场，处以极难极苦之地，以为非此不足以机我也。薄园餬口，贤弟云不足以供坛儿，若汝寡兄归来，吸露餐风乎？贫者士之常，清白者吾家祖训。为儒食贫，为吏清白，咬断菜根，万事做得，耐之而已。

为儒食贫而为吏清白，看起来好像是轻描淡写的两句话，实行起来，谈何容易！因为“食贫”与为清白吏乃是似一而二的事，为儒食贫只是个人的操守，与旁人全无影响；若是为吏而欲守清白，纵然百姓拥戴，其如上司不喜何？这是因为一旦入仕为官，在长官与同僚之间，就少不了要有人情应酬，而对上官尤其要“打点”。倘若于此一概不讲，无论上官不喜，即是同僚寅友之间，也难免引起不愉快。彭鹏于此，坚持其既定之原则，于自己则决不从事非法之利得，于上司僚友则决不从事应酬迎送，这对于个人的“官守”来说，固然应当如此，但因此而引起的反响，则并不很好。因为这不免使人感觉到，彭鹏乃是一个不近人情之人，难以相处。

所以纵使他在三河县知县任内力任繁剧，不辞辛劳，不畏艰危，所得到的结果，却是多数的上司对他并不谅解，至于弹章相继，而降级、调任、革职的处分多至十二次。若不是当时的圣祖康熙帝十分了解彭鹏之居官与为人，他的这一个么么前程，很可能就被革掉。由康熙帝对他的信任，足证他在三河县的治绩，确实十分值得称道。所以然之故，则可以用几个字来概括：一是“清”，二是“慎”，三是“勤”。关于“清”的部分，上文已略有介绍；下面将再介绍彭鹏居官之“慎”与“勤”。

所谓“慎”，自然是谨慎小心之意。这在三河县这种复杂的环境中尤其需要。因为清代的三河县已经不是明代的三河县，知县所辖的不只是单纯的老百姓，其中更夹杂有倚仗了满洲主子的势力，在境内横行不法的旗地庄头，虽然他们都是汉人，却一个个摆出一副具有特殊身份的满洲家奴模样，藐视县官，惯作恶事。在这种情况之下，彭鹏如不能出以谨慎小心的态度步步为营，很可能就落入这些歹徒恶霸的陷阱之中，因断案错误而致功名不保。所以，“慎”之一字，在这里尤其应当奉为金科玉律，万万不可疏忽。《清史·彭鹏传》说他“治狱摘发如神”，所得力的亦就在这一个“慎”字上面。

## 三河县最多强盗命案

由《古愚心言》所收载的许多公文详稿中可以看到，三河县当时发生最多也最为棘手的案件，乃是强盗与命案两类，而这些强盗与命案，也什九与旗人有关。这一点，可以说完全是当时的不合理的政治环境之产物。

满清以异族入主中原，入关之初，为了巩固其统治权，一方面将八旗劲旅屯驻于要害之地，一方面又圈夺北京附近数十州县的大批民地，以之分给从龙入关的八旗官兵，作为其世业，从此可以衣税食租，世世享受汉人的供奉。由于满洲人少而圈夺之田甚多，他们自己不需要耕种，替他们耕田力作的是两种人，一是在作战时俘获的汉人奴隶，二是入关以后自愿投充为奴的“投充人”。前者因为是在战场中所俘获，其本来的籍贯多数是山东与山西，又其地位卑下，除了替满洲主子作牛马般的农场苦力外，没有机会也没有办法可以在地方上为非作歹。至于后一种“投充人”，大多数本来是地方上的流氓棍徒之类，其投充之目的在希望得到满洲主子的势力荫庇，以便利其为非作歹。这种地方上的流氓棍徒，在从前本来是可以由县太爷直接责罚惩治的，如今有了这层满洲主子的势力荫庇，县太爷失去了直接惩治之权力，他们的胆子愈来愈大，所作的坏事也愈来愈多。随便举出几件案子来作为实例，就不难看出这些人在地方上作恶肆害的情形如何。

康熙二十七年八月初一日，三河县发生了一件十三岁童子田长明在荒郊被人杀死的命案。其父田自亮于八月初三日赴告，只称伊子长明被人打死在密云屯傅庄头的地内，不知凶手何人。其后因在旗人刘士章的坟内发现血迹，在尹尚仁的豆田内发现长明所用的割草镰刀，遂指称刘士章及尹尚仁父子等人为杀死长明的凶手，赴县喊禀。彭鹏查验所控无据，驳回不准，田自亮遂赴顺天府府尹处呈控，奉顺天府尹发下审问。彭鹏据实呈复，而田自亮一控再控不已，其原因盖由于幕后有人主使，希冀因此而讹诈尹尚仁也。彭鹏呈复此案的第二次详稿叙此，云：

> 看得田自亮之子田长明死于康熙二十七年八月初一日，审缉在案，而控府批发在二十八年二月初八日，无辜老幼，尽入一网，盖痛子之心微，而居奇之欲炽也。卑职前详，隐微细悉。兹奉审饬，即提原被及证佐人等到案，而自亮邈不可见矣。卑职度必有主之者，据伊子田马儿果云，有兄撒奈，身在正白旗，住四牌楼，领告者撒奈也，抗不使赴审者撒奈也。查撒奈一旗厮耳，丕乃敢大言曰："要田自亮，须部里要我去。"夫以邑民投旗，而无忌惮至此，刁词包讼，恐吓嚼民，亦知辇毂之下，有三尺随其后乎？

由于彭鹏坚持此案并无冤抑，其屡控不已之原因全在假旗人撒奈之刁讼吓诈，请求顺天府尹勿累无辜，免坠彀中，顺天府府尹许三礼却于康熙二十八年四月十四日具疏奏参，指为溺职。在许三礼也许是借事报复，借题发挥，在彭鹏来说，则是实实在在的因此而大受其害——假如这个改名为撒奈的田姓人不是倚仗满人身份为护符，他就决不敢以部民而妄控长官，而彭鹏也可以在传到田自亮之后便将全案真相审理清楚，不致平白无辜地遭受许三礼之参劾了。此是案例之一，后面的案子，则是同类事例之二。

## 旗人诬指饥民为强盗

康熙二十八年七月十三日夜，三河县北张岱旗庄发生岳之富、岳之海等人纠众侵入行劫，岳之海被事主擒获殴毙之人命重案。据报案人王可道、王可观报系盗案，审理结果，则系饥民行窃，因事主系旗人，辄敢恃势殴毙。为简捷起见，不如录叙原文，以免不必要之周折。原文说：

> 看得乘夜进院跳墙，与夜行偷盗田野谷麦菜果，皆盗也，而情形异矣，罪亦迥殊。据北张岱旗人王可道、可观报称：本月十三夜，南张岱民岳之富等纠伙进院，闻锣急奔，追而擒获；而于就擒殴死之岳之海，则曰跳墙跌足而擦有弓矢也。嗟乎！之海毙矣，鬼不能语，之富一饿夫耳，泣供数日不举火也，与岳信、岳之海，及海之子小五儿四人同出，近北张岱将里许，偷王家枣聊以疗饥。富持一半截口袋，海持一短口袋，一小钩长四五尺，小五儿持筐，信持一笼。夫道与观所指者弓矢也，富所供者，袋与钩，筐与笼也；道与观所指者，进院也，富所供者，离庄里许也；又道与观所指者，伙贼脱逃也，而富所供者，其弟岳信，其侄景登即小五儿也。比拘岳信、岳景登到，隔别细讯，止此四人，所执袋与钩，筐与笼，各供无异词。彼三人者，岂于偷枣时逆料被擒，预为同

供以待谳乎？

卑职诣庄查访，不特北张岱合庄甲长咸云是夜不见弓矢，即讯本甲甲长王登禹，本夜更夫王景亮，亦云："撩下弓矢，闻之而未见也。"此则之海已毙，可道、可观假此甚其罪耳。……嗟乎！之海之死也，四人夜行耳，使可道得以伙盗借口。若非诣其庄，入其屋，登其墙，细加察访，备睹情形，及周五闻锣出听"庄人拿住偷枣贼"一语，则死者死耳，生者三人，不几与强盗已行未得财者同科乎？

由上面所引的详文可以知道，岳之富、岳之海因贫穷饥饿而至旗人王可道庄地偷枣，尚未得手，即被捕获，岳之海当场被殴致死，岳之富等三人则被指为行劫之伙盗，送县究办。假如不是彭鹏亲诣北张岱庄实地审察，勘明其指为行劫的地点尚远在庄外之枣园中，则不但岳之海冤不能伸，即岳之富三人亦将被科以强盗重罪矣。王可道、王可观之所敢诬贼为盗，又在捕获时即以私刑殴死，显然是因为恃有旗人身分为护符，无视于县令之尊严也。

按，清代制度，八旗庄园自庄头以至旗丁，只要是身为旗人，便不是地方官的管辖权力所能及。唯其如此，所以田自亮的侄儿一旦投入旗下，成为旗人"撒奈"之后，便敢对县官派去的差役发横，说什么："要田自亮，须部里要我去。"而彭鹏对之全无办法。而在王可道、王可观打死岳之海一案中，虽然审明此案实系王可道、王可观诬贼为盗，擅杀人民，彭鹏亦只能据实申详顺天府请求咨送刑部处理，而不能迳科王可道、王可观以擅杀之罪。

## 旗奴的恶势力甚为可怕

县官的权力，一遇到满人势力荫庇下的棍徒，便告无法可施，不但增加政令推行上的无穷阻力，也迫得彭鹏非备加谨慎小心不可；因为不小心便有可能落入旗籍恶棍所预设的陷阱，后果不堪设想也。彭鹏的《古愚心言》中有一段话说到他此时的小心谨慎光景，云：

> 查得康熙二十五年十一月初八日，董应虎先以究典弟命事告白二等，本年正月十三日，有宝坻县人董守义，亦以究典侄命事具告。一诬告，以结，一刁讼，未审。虎又以究典人命事赴通永道提控，蒙批“查原案报”。卑职伏思词内有“仵作受贿”等语，不胜错愕。念自洵河坠落以来，每至检尸，非但以目兼以手，剔垢洗瘢，慎之又慎。仵作者谁？三河县知县彭鹏也。

彭鹏以县令之尊，每逢境内发生人命重案而需要实地检验时，不但亲自往验，而且与仵作一同动手，耳到目到而兼手到，所要求的无非是查验明确，了解真相，以为研究案情的参考。在这种情形之下，不但仵作不可能因受贿而掩饰真相，对于案情之研判，自亦不难洞彻底里。《清史》本传说他“治狱摘发如神”，与此显然大有关系。例如他在查审王可道、王可观诬指偷枣饿民岳之海为强盗，在私刑致毙之后又捏造其携带弓箭，以为强盗劫财之证据一案时，因为彭鹏亲赴北张岱庄看明出事地点的房屋及地形，而推断不可能有跳墙致死之情事，他说：

> 独不思屋上望见跳墙，夜色迷离，何以辨撩弓者为之海也？又西墙不过四尺，卑职自登之甚易，跳者何为而跌也？即跌矣，亦奚伤，而肯弃其弓矢，束手就擒乎？若云果伤，何以又能奔乎？

以实地勘察所见的情形，用剥茧抽丝的方法层层推敲分析，这就好像是神话故事中所说的燃犀照海，一切魍魉妖魅，悉皆无所遁形的情形一样。由此可知，所谓彭鹏善于治狱也者，无非因为他比一般地方官更能够勤求事理，体恤民隐，所以对任何狱讼都能够看得清楚而认得分明，如此而已。但旗人之肆恶，固不仅只是包揽词讼与欺压良善而已，由于他们的身分特殊，种种违法犯纪之事，只要于己有利，他们都能够不顾一切地肆意妄为，其内容包括诈欺、窃盗、抢劫、纵赌、高利贷等等，几乎可说是无所不为。地方官的权力不能行使于旗人管辖的范围之内，如此而欲求伸张国家法纪，为小民保其身家，实在可说是戛戛乎其难矣。

## 巡抚于成龙充分支持彭鹏

在这种困难复杂的情形之下，彭鹏终于能在三河县建立其威信，达成其抚治之目标，在他自己的勤劳谨慎之外，更重要的一项因素，还得归功于当时的直隶巡抚于成龙对他的信赖与支持。这在彭鹏建议实行旗庄保甲制度，以伸张县令对旗庄的稽察权力，而于成龙给予充分支持一事上，所产生的影响力量最大，不可不特别注意。彭鹏的建议，见于《应抚院于谘访利弊条议十八事》中的第七事，原文如下：

> 其七曰编旗庄。夫盗贼之不戢，由保甲之难行；保甲之难行，由旗庄抗违包管而无罪也。查定例，地方官不立十家木牌者，处分甚严。现奉宪台申明保甲，鹏敢曰难行，鹏之罪何所逃？然所谓行者，牌上故事，纸上具文云尔，若以实心行实政，必实陈其难行之由。请即三邑陈之。三邑旗庄，十居八九，每编保甲，不听稽查，犹曰我旗人也，旗丁也。乃有一家在旗，而雇工佣工之在旗者咸影射而不得询，一庄在旗，而赁房赁地之在旗者咸遮护而不肯报。夫雇工佣工，皆民也，不听稽查，已

为化外，若夫赁旗房者纳房租，赁旗地者纳地租，彼之身家，与旗人何与焉？丕乃敢大言曰："我某旗住房人也，我某旗赁地人也。"不听稽查。岂彼之敢于冒旗，抑各旗庄之沿久成习，恬不知怪乎？

查从前遵例编行，但曰"我等自具甘结，自承管逃盗，觉发不涉邑令事。"为邑令者，习闻其语，吞声屏息，勉批存案。一旦疏失，据结而报，即彼承认如前，而溺职推卸，参罚随之，况乎其未必承也。尝考周官，有县正掌其县之政令而赏罚之，则凡一邑之事，惟县正得而行之。若使家自为政，人自为主，则亦惟所欲行，又安用设官置吏为哉？合请宪台严饬旗庄，悉照民例，每家将雇工佣工人分别流寓土著，明白注牌，另编旗甲，以屯拨什库存为庄长，听地方官不时稽察。诸凡赁地赁房，在旗庄内另编民甲，每十家编一甲长，不足十家者为畸零户，庄长屯拨什库摄之。此法行，则逃盗事发，得律庄长以连坐，县官虽受累分咎，亦所甘心。舍此而无稽察之权，有失察之罚，难乎其为令矣。转喉触忌，伏惟宪裁。

这一段话，明白地说出了满洲八旗所辖属的旗庄，在各州县境内俨然是王法所不及的化外之地，不但投充旗下之人受其包庇，即是租旗人之房，种旗人之地，做旗人之工的汉人，亦可凭仗了旗人的势力而抗拒县官之管辖稽察。这种情形，俨然是抗战以前列强在中国各地保有治外法权时代的租界形态，任何犯罪之人只要遁入租界，即为中国法令所不及，中国官吏徒唤奈何。外国租界在民国时代是罪犯的逋逃薮，清代初年的旗庄，其情形殆亦仿佛。"旗民杂居之地"之所以"难治"，就因为有这种特殊的罪犯庇护所存在之故。而照彭鹏在这一篇《应抚院于谘访利弊条议》中所开列的第四款"治盗源"、第五款"诛真盗"的内容看来，地方之所以盗案频发，缉捕难施，正是由于旗庄中人之敢于公然窝藏盗贼，官府无从缉拿之故。地方之积弊既深，县官的政令，在旗人眼中看来，诚然是一文不值。在这种情形之下，彭鹏纵使苦口婆心地劝谕督导，又怎能发生实际功效？所好的是，当时在直隶充任巡抚的于成龙，也是康熙朝的著名好官。由于他的支持，彭鹏的意见得到贯彻实施，于是后来的情形大见好转。

清康熙时，曾有两个同名同姓的于成龙，两个都有清官之称，也都做到总督，不过在时间上稍有先后之别。前一个于成龙是山西永宁人，明崇祯时的副榜举人，顺治时由广西罗城知县起家，康熙十九年擢任直隶巡抚，圣祖亲口褒嘉其治绩，推许为天下清官第一。后迁江南江西总督，卒于任所。后一个于成龙，是汉军镶黄旗人，康熙七年，由荫生授直隶乐亭知县，十八年升通州知州。二十年，因江南江西总督于成龙荐其才堪大用，升补江宁知府，两个于成龙一起在南京碰了头。其后，做总督的于成龙仍在南京做总督，做知府的于成龙则升为安徽臬司，康熙二十五年升授直隶巡抚。此时，江南江西总督于成龙已于康熙二十三年五月死于南京任所，只剩下这个在直隶做巡抚的于成龙了。

论官声及政绩之美，前一个于成龙当然胜过后一个于成龙。不过，由于有前一个于成龙的典型在前，皇帝勉励后一个于成龙要努力效法前人，弗坠声名，所以后一个于成龙在后来也成了康熙朝的名臣之一，与前一个于成龙后先媲美，在清代历史上留下了一段极美的佳话。

这后一个于成龙，能够以直隶巡抚的地位，接受了三河知县彭鹏的建议之后，立即转奏皇帝，一律均编旗民的保甲，以资提高知县权力，增进地方治安，无异为彭鹏解除了最大的困难。自此以后，彭鹏可以知县的身份稽查境内的旗庄，看他们是否有窝藏罪犯，私藏军器，以及其他种种违法乱纪的行为。一有发觉，平民身分者立即依法惩处，旗民则详请顺天府尹转咨刑部审办。旗庄既不再成为罪犯的庇护所，投旗的地方棍徒也不敢轻易触犯刑网，地方治安当然好得多了。再加上彭鹏之勤于职守，时刻不忘他拊循百姓、安缉地方的责任，于是，他在三河县的政绩彰著，声誉也随之而日起。到了后来，不但那些监临上司赏识他，便是皇帝也对彭鹏的种种作为有了深切的认识。这在当时的政治习惯来说，是很特殊的。

## 皇帝居然亦知道他

专制时代的皇帝，是国家的最高统治者。能够有机会经常接近他的人，除了宫眷与太监，就是朝中的高官显要，如议政王大臣、内阁大学士、六部九卿，以及在南书房当差的翰林等。县令秩卑，而且三河县距京城一百余里，皇帝怎么有可能知道这个小小的三河县知县彭鹏？这其中的道理究竟如何，确实大有玄机。

我们知道，清朝的皇帝从康熙帝开始，都喜欢听小报告，而又以康熙帝、雍正帝这两人为尤甚。康熙帝对于内务府派往各省负责管税、管织造的亲信官员，都赋予一种特别任务，要他们将所见所闻的重要事情随时专折奏报，如红楼曹家及曹家的主要亲戚李煦，都是皇帝耳目所寄的亲信。

汉大臣之中也有这样的人物，如撰《明史稿》的王鸿绪，虽然官至尚书，他与皇帝之间也有特别关系。康熙帝在他休致回家之后，吩咐他可以专折奏事，随时将江南知识分子的活动情形奏报皇帝。至于雍正帝，运用这种特务监察制度更为高超。据野史相传，他所亲信的侍卫之中，常常化装成各种身份去接近内外各方面的大臣，刺探其一举一动，报告皇帝知道。所以雍正帝对于内外大臣的言行举止，都有极清楚的了解。这些事看来近似神话，却未必不可能无此事实。三河虽然只是京畿的一个小县，但若以清代的情形来说，皇帝如果要在地方上寄托耳目，也是很容易办到的。

首先我们得知道，三河县境内的旗庄甚多，这些旗庄所隶属的，乃是八旗中的正白旗。清代的八旗，有上三旗与下五旗之分——正黄、镶黄、正白三旗直属皇帝，称为上三旗；镶白、正蓝、镶蓝、正红、镶红五旗另有其旗主，不归皇帝直辖，称为下五旗。正白旗既为上三旗之一，许多事情就归内务府所管，透过这一层关系，皇帝就有机会知道三河县境内旗地旗庄及旗人的许多事情。更因三河县乃是近畿的属县之一，境内设有驻防的满洲兵——一百名骑兵，而由一名称为“城守尉”的满洲军官管辖。这城守尉既是满洲人，皇帝就会偶尔向他打听一些地方上的事情。在如此这般的情形之下，康熙当然会有机会知道彭鹏在地方上的情形。这并非是全无凭据的推测之辞，下面所引的文字中，便有具体的证据。《古愚心言》卷二，《寄示坛儿语五》，云：

> 客岁十一月初二日、初七日、十二日钦奉特旨从宽留任至三，此邸报中所有，吾儿所既见者也。十二月二十五日，圣驾谒陵回京，先时大鸿胪传旨，文武官不许迎送，惟泃邑驻防满尉等于邑东门跪迎。上即问知县彭鹏，尉述以告。此邸报中所无，吾儿所未闻也。

彭鹏此信，写于康熙二十八年之正月。所以，康熙帝向三河城守尉问及知县彭鹏的种种，乃是二十七年十二月的事。而且这一定不是初次询及，在此以前，康熙帝已曾从这一类的情报来源中对彭鹏颇有所知。下文所述之事，即可作为此说之证明。《古愚心言》卷二，康熙二十六年丁卯寄仲弟季弟信中云：

> 三邑去年水灾绝粒，今岁又旱，三春不雨，近详各宪，“民间磨蝗为浆，购糠作糜”等语，又有“采榆钱，撷柳叶以充饥，而相争至死者”，人情汹汹，豺虎搏而饿狼随之矣。汝寡兄督捕快巡缉村庄，从昏达旦，非能无惧，命自由天耳。

彭鹏为了地方治安，至于不顾生命危险，常常带了捕快，亲自巡缉村庄，以防盗贼，这情形不久便为康熙帝所知悉。《清史·彭鹏传》云，彭鹏由广西巡抚调广东，与广东巡抚萧永藻互换职务，“上勉永藻效鹏。又谕大学士曰：彭鹏人才壮健，前知三河，闻有贼，即佩刀乘马驰捕，朕所知也”。皇帝对三河知县彭鹏的治绩既然都有了解，各种文法督过方面的降罚自然必定可以得到皇帝的宽免。因此之故，彭鹏才会有降罚十二次而反得升官的特别待遇。关于这方面的事实，可以看《清史·彭鹏传》中的叙述。抄一段如下：

降罚多反而升官

> 二十七年，圣祖巡畿甸，召问鹏居官及拒精忠伪命状，赐帑金三百，谕曰：“知尔清正，不受民钱，以此养尔廉，胜民间数万多矣。”寻顺天府尹许三礼劾鹏匿报控案，命巡抚于成龙察之。成龙奏：鹏讯无左验，方缉凶，非不报也。吏议夺官，诏镌级留任。嗣以缉盗不获，累被议，积至降十三级，俱从宽留任。二十九年，诏举廉能吏，用尚书李天馥荐，鹏与邵嗣尧、陆陇其、赵苍璧，并行取，擢为科道。

所谓“行取”，乃是渊源于明朝的一种特别制度，专为拔擢天下的贤能地方官而设。按照明朝的制度，六科给事中掌封驳章奏及补阙拾遗，在古代属于门下省及谏议大夫的职掌，故而俗语又称给事中为“黄门给事”或“给谏”；又因为明朝的给事中分隶于吏、户、礼、兵、刑、工六科，故又通称为“科员”，与分隶于都察院十三道的监察御史合称为“科道”。科与道，前者主谏议而后者主弹劾，通称为“言官”，官秩虽卑，而因执奏与弹劾的对象不避亲贵权要，所以其地位甚为重要。给事中与御史六年考满，大多内升京堂而外转监司，立即可以由七品官超升至三四品；如果再由京堂外放巡抚，那就是独当一面的封疆大吏了。由于科道官的地位如此重要，其人选之甄拔也极其慎重，一般都从部曹及推官知县中选择其才品及考绩均优者充补。《明史·选举志》记此云：

给事中、御史谓之科道，科五十员，道百二十员。明初至天顺、成化间，进士举贡监生皆得选补，其迁擢者，推官知县而外，或由学官。其后监生与新科进士皆不得与，或庶吉士改授，或取内外科目出身三年考满者考选，内则两京五部主事、中行评博、国子监博士助教等，外则推官知县；自推、知入者谓之行取，其有特荐，则俸虽未满，亦得与焉。考选视科道缺若干，多寡无定额。其授职，吏部都察院协同注拟，给事皆实补，御史必试职一年始实授，惟庶吉士否。

以上所述，乃是明朝末年以后逐渐形成的“行取”制度。清代制度号称沿袭明代，其实大有不同。如给事中及御史之额缺，二者就大不一样。明代的给事中额缺五十人，御史额缺更多至一百二十，清代则给事中止十二人，御史止七十余人，而且还是满汉各半。额缺既少，出缺的机会自然亦少，能够有机会因“行取”而由外官入为科、道官的推官知县，更不容易。彭鹏能够在这种难得的机会中被选，其身分又是带降十三级的革职从宽留任之三河知县，看起来更是十分希觏之异数。这也就难怪彭鹏要以此为异常之光荣，常常搬出来夸耀一番的了。《古愚心言》的卷前，刻有彭鹏自撰的一篇序文，文后钤有图章二枚，其印文是：

特简天下司牧第一

钦擢黄门给事臣鹏

此所谓“特简天下司牧第一”，乃是因为在这一年中由“行取”而选中的合格人员，一共只有彭鹏、邵嗣尧、陆陇其、赵苍璧等四人，其中只有彭鹏一人钦擢为工科给事中，邵、陆、赵三人均授为御史。以给事中与御史相比，给事中的地位比御史略高。彭鹏名列四人之中，已可自诩为天下有司之最，再越众而得给事中，自然更可以矜夸为天下司牧之第一人了。这在他写给儿子圣坛的家信中，就有明白的叙述，云：

曩岁台省乏员，吏部请旨行取天下有司，历其治状，自郡守监司而上之督抚，咸无异词，而后咨之吏部，吏部又核其合例者而后贡之天子，亲策问之，为给谏，为御史，为六部主政。盖自郡守监司而至督抚，由督抚而至吏部，稍不合例者，虽贤不得取，士之得与是取者不易焉。而御试之日，次第其文，为台为省，为部属，士之得与是取而考选，幸为台谏，又不易焉。今五月朔，奉有“内外臣工堪为科道者，九卿各举所知”之上谕，克期毋滞。二日平旦，上御乾清门，大臣以次举荐，奉旨特擢第一。夜半，报者至，仓皇不知所出。报者出全抄以示，乃知九卿公荐凡一十二人，上特擢者四人也，喜且惧。

九卿奉旨公举内外臣工堪任科道之人，尚书李天馥不以三河知县彭鹏累经降罚，尚系从宽留任的待罪之身，举以应命，居然得蒙皇帝特擢为第一，这当然是极大的异数。比诸以前之累经部议降级、调任、革职，而一概奉旨宽免，更是格外宽弘的恩典。

## 特简天下牧令第一

就康熙帝对彭鹏的了解情形来说，他也许早就知道，像彭鹏这样忠贞廉洁而不辞艰危、恪供厥职的人，在天下有司之中是非常难得的，若要论治行第一，舍彭鹏其谁？只是，皇帝亦要遵守国家的法制，他不能自己提出来昭示朝中的六部九卿，拔彭鹏为天下牧令之第一。如今经九卿公举，证明彭鹏之贤能勤劳，堪居天下牧令之翘楚，乃是舆论攸归之事，皇帝在这种情况之下将彭鹏拔置第一，自然能惬服众心，而普天之下也决不能说这样的处置是皇帝对彭鹏的偏袒。

其实康熙对彭鹏亦决不可能有任何偏袒。第一，彭鹏是汉人，皇帝对他毫无渊源，何致要偏袒一个全无瓜葛之人？第二，彭鹏所做的三河知县，境内旗庄极多，其中更有许多与替皇帝管家务的内务府往来频繁。彭鹏在三河县整顿地方，对旗庄不利之处极多，皇帝如果相信这些仇口诬陷之人所上的小报告，应该更不会对彭鹏发生好感。因此我们很可以作如此之推测，认为康熙帝之所以相信彭鹏是天下的牧令第一，正是出于极公平的衡断，其间决无循私偏袒之理由。不过，这样的结论，与《彭公案》的故事内容就有很大的差异。

照《彭公案》的说法，三河县之难治，是因为地方上多旗庄，而这些旗庄的庄头又自恃有王府主人为其后盾，专好交结绿林英雄，在地方上为非作歹，历任县官都不敢得罪。这些王府主人究竟是谁？《彭公案》中曾经提到两个人，一个是“神力王府”，一个是“裕王府”。

考之八旗制度，只有下五旗有亲、郡王身份的旗主，正白旗属于天子自将的上三旗之一，何来亲、郡王身份的旗主？而由《古愚心言》所载彭鹏在三河知县任内所审理的各重要刑案看来，所谓旗人不法，充其量不过是投充入旗的地方棍徒倚仗旗人的特殊身分，在地方上干一些包揽词讼、抢劫、杀人、诈骗、包赌等等的不法行为，还没有以恶霸形态公然称霸一方，敢与地方官相抗衡的。在这些地方，《彭公案》中的描写，显然偏重于娱乐性趣味性，并未顾到真正的真实。

《彭公案》中更说，彭公因为在三河县执法无私，得罪了裕王府粮庄庄头左玉春的侄儿，外号人称左青龙的左奎，被左奎的金兰之交武文华奏报参革。幸得三河县中另一个绿林豪杰李七侯相助，以一万两银子买通裕王的关节，由裕王代向皇帝说情，方得官复原职。但若以彭鹏在三河知县任内迭次因缉盗逾限未获而致降罚连连的情形来说，这些都是吏部处分定例中的规定罚则，其间并没有仇家陷害的因素。其最例外的一次也是最重的参罚，出自顺天府尹许三礼，参劾的理由是："于县民控告命案，不行详报"。

由《古愚心言》记述此事的内容看，许三礼之参劾案，实在是由于彭鹏屡次开罪于他，故而借事中伤，但其结果仍如吏部之历次参劾案一样，最后由康熙帝批示，免予革职，从宽改为降二级留任。推想其中亦决不可能有如《彭公案》中所说的那样，由绿林豪杰公同醵金为之营干免罪的情形。这理由也很明显，一是由于彭鹏生平与这类人物素无来往，二是由于当时的三河县并未存在这一类的绿林豪杰，三是康熙帝当时对彭鹏早有深切了解，并无须他人为之请托营求。

《彭公案》对于这一类故事情节作如此之安排，充分证明此书只是盲词小说一类的捕风捉影之谈，于彭鹏之生平并无太多的关涉。由此一例，更可知道此书中以大部分篇幅所描述的绿林故事，亦是向壁虚构的纯瞎说，不可以因为小说主角彭鹏实有其人的缘故，而相信其中或者有几分之一的真实性。

彭鹏在三河县作知县，前后历时六年。康熙二十九年被行取为科员，因补缺需时，暂请假回籍。尚未销假，就已奉到补授工科给事中之旨，时为康熙三十年之六月。到康熙三十三年闰五月，因坐“与廷臣忿争”无礼，奉旨解任，以原品顶带发往江南河工效力。三十六年五月召回，补授刑科给事中。三十七年二月升贵州按察使，三十八年四月擢广西巡抚。三十九年十二月调广东，四十三年正月卒于广东巡抚任内，享年六十八岁。以上为彭鹏服官以来的全部仕履经过。

从开始出任三河知县的时间算起，扣除请假回籍及效力河工的四年多不算，其全部服官时间不过十五年而已。若是简单叙述其十五年中的服官情形，六年知县，可谓艰苦卓绝，四年垣中，则因弹劾直隶巡抚李光地父丧不丁忧为忘亲不孝之事，而“直声震天下”。至于五年巡抚，由《广东通志》的《彭鹏传》看来，其最显著的政绩是政务肃举，墨吏绝迹，而勤于治事，谳狱发奸如神。

以这些事实概括其生平志行，则可以用八个字来加以说明，即是：清廉、强项、勤劳、尽职。这几乎与彭鹏在三河县知县任内的治行操守如出一辙，可知此正是彭鹏之一贯性行。从这些地方看来，彭鹏这个人，确实是难得一见的清官与好官。但如我们深一层观察彭鹏的个性，便不难发现，彭鹏在三河县作县令，固然是清廉强项而勤政爱民的好官，但是他是否也适宜担任政府的高级官员，如总督、巡抚、尚书、大学士之类，以期能对国家社会作出更大的贡献，就不免有疑问了。

# 康熙论清官亦有不好之处

康熙帝是中国历史上很少见的贤君之一，他对于为政之道，有极精辟而深入的见解。照他的看法，既为大臣，就不能以清刻为尚，否则会在政治风气上发生很不好的影响。《圣祖仁皇帝圣训》中有几段关于论述清官张伯行、赵申乔的话，可以参看。《圣祖圣训》卷四十六：

谕大学士等曰：布政使牟钦元居官好，巡抚张伯行题参牟钦元交通海贼，此皆伊多疑所致。张伯行又奏，噶礼下人甚众，恐欲杀伊为噶礼报仇。此亦无影响之事，特因向牟钦元索幕宾不得，随起衅端。总督巡抚皆有幕宾，若为此生疑寻隙，亦非为大臣之体。清官多刻，刻则下属难堪，清而宽方为尽善。朱子曰："居官人清而不自以为清，始为真清。"又如《易》云："不家食"。为官之人，凡所用之物，若皆取诸其家，其何以济？故朕于大臣官员每多包容之处，不察察于细故也。人当做秀才时负笈徒步，及登仕版，从者数人，乘马肩舆而行，岂将一一问其所从来耶？

上谕云南巡抚施世纶曰：尔居官声名甚好，但过于偏执，不度事理，惟以己所知者为是。天下凡事当中道而行，今为封疆大吏，理宜尽改前非，不可拘执己性。至驭下属，务以宽恕为本。

上谕大学士等曰：户部尚书赵申乔保举潮州知府张应诏，准其升补两淮运使。但赵申乔又奏，张应诏为郎中时，寓居寺院，能耐贫苦，授知府不制衣服。果如此言，殊为未当。为清官者并不系于贫富，张伯行家道甚饶，任所日用之物，皆取诸其家，足迹所至，防人谋害，随从四五十人，今以为不清，可乎？且巡抚管理军务，一应兵丁，宜鼓舞作兴，常加恩恤。今以己为清官，独市饼饵而食，兵丁赏赉不及，岂合于理？凡事皆有道理，为官之人，不取非义之财，一心为国效力，即为好官。或操守虽清，不能办事，似此清官，亦何裨于国事乎？

以上所记，乃是《圣祖圣训》中有关于这方面的训谕，另外则《陈清端文集》中也记有康熙帝在召见陈瑸时所说的话，其内容亦此之类。陈瑸曾任台厦道，亦是康熙朝有名的清官之一。康熙当时对他的训谕如此：

汝请的训旨，昨日都说过了，汝照著行就是。做清官固是好，固是难得，但恐清而刻，人便不能相安。又做官亦有体，做巡抚封疆大臣，与做府道州县小官不同，一切犒赏应酬，均不能免。若说我一介不取，亦一概不与，恐行不去了。不能做得些事，徒说清官，亦有何益？如张伯行，做福建巡抚声名甚好，调到苏州，最初一年也还好，后二年三年，渐渐不好了，人甚议论他。他做人太短，又自视太高，说我是清官，都不管人，总督提镇等官都不相和，一事亦不能行，更生出好些事端，这便是清官不好处。天下人那个不知陈瑸是个清官，但恐汝清而刻了。

## 彭鹏要做非常之人

综合以上这些训谕的内容看，可知康熙帝心目中固很赞赏为官清廉，但由他所说“但恐清而刻”，“清而宽方为尽善”。“天下凡事当中道而行”，“做巡抚封疆大臣，与做府道州县小官不同，一切犒赏应酬，均不能免”。“或操守虽清，不能办事，似此清官，亦何裨于国事乎？”等等的话中看来，康熙帝其实并不很鼓励人做清官。照他的看法，做官以能为国办事为第一，不贪污尚只是次要的要求。假若只是不贪污而不能办事，如江苏巡抚张伯行，虽然亦是著名的清官，康熙帝对之，却无好评。张伯行如此，彭鹏又如何呢？在康熙帝的种种训谕中，虽不曾批评彭鹏如何如何，但由彭鹏的《古愚心言》中看来，彭鹏乃是最反对交际应酬而主张一介不取之人。《古愚心言》卷二，《寄示坛儿语》第十四云：

> 汝三叔方至署，以交际常情微为请。汝父叹曰：如此则尔兄犹人也，十邀特旨留任，奚为哉！

此信写于康熙二十九年七月，其时彭鹏已由三河知县奉旨行取，尚未交卸。同书同卷，《寄示坛儿语》第十七，亦写于此后不久，因家中主张对于奉旨行取一事应稍事庆祝而大加诟责，云：

> 汝曹勿谓此官视洵令即霄壤耳，三公不易介，万钟于何有！吾年五十四，肯不自竖立，听人穿鼻乎？吾独立特行，而汝动云比例，是汝自堕落也！以读书之身，处立锥之地，供人追呼等语，谁为为之？孰令令之？演剧，请京报人，汝以此典不可废，然则初入垣，前辈公席优觞，为数百年相沿之例，毅然辞之，只领雅座，亦将以不可废者赴之，重违素心乎？大丈夫举动，自我作古。即小见大，充类举隅，不待罄竹书。

在这两封信中，彭鹏明白说出他反对一般人视为照例应有的交际应酬。他以为“大丈夫举动，自我作古”，而皇帝之所以十次降特旨宽免他的处分，正是因为他所做的是非常人之事。可知他的心目中不但要永远做独立特行的清白吏，而且不惜打破交际应酬的常例，以非常之人与非常之行自负。凡此显然与康熙帝心目中的好官大有距离。至于他之一介不取，则亦可以他在三河知县内颁示禁革火耗，不取加派二事中见之。为了此一缘故，康熙在经过三河县时驻跸召见，特加垂询，最后谕云：

朕访尔征粮不取火耗。尔家既贫，三河地方又苦，如何自给？

为此，康熙帝特命近侍取银三百两赐之，以为养廉之需。这一分逾格的赏赉，在彭鹏视为异常的恩典，在《古愚心言》中一再述及。而由其经过事实看来，康熙帝之所以要赐给彭鹏三百两银子，原来是因为彭鹏不收钱粮火耗，顾虑他或者因无钱而不能自给，所以特别给他这些作为津贴补助，其实并非赞美他不收钱粮火耗的举动为正确。按，所谓钱粮火耗，乃是各地州县衙门在征收钱粮时，随正额附加的一种附加税，以为州县官应酬上司及津贴胥役的支出所需，如果没有这一笔附加税，正额钱粮照例要征解藩司，州县衙门一无所有，又当如何应付这种种事实方面的需要？王氏《东华录》载有康熙四十八年九月谕河南巡抚鹿祐的旨意，可以知道康熙帝对于火耗问题的看法如何。谕旨说：

所谓廉吏者，亦非一文不取之谓。若纤毫无所资给，则居常日用及家人胥役何以为生？若州县官止取一分火耗，此外不取，便称好官。若一概纠参，则属吏不胜参矣！

所谓“止取一分火耗，此外不取，便称好官”，意思是说，假如所课征的田赋附加税只是正赋的百分之十而此外别无所取，便可称为好官；那当然是说，百分之十田赋附加税正是事实所需要的，照此课征，不能视为贪黩。从这段话中，可以使我们看出，康熙帝实在是最能曲体人情而宽恕仁厚的好皇帝，他死后的庙号“圣祖”，谥为“仁皇帝”，确实可以当之无愧。反之，彭鹏为了一己的清名而裁革火耗及加派，在百姓固应歌功颂德，在皇帝看来，诚不能无疑于他用什么来应付日常办公之需要？在这种情形之下，不但彭鹏自己必有不便，亦更为后来之继任者带来困难，此则必是当时之康熙帝所不取的。

## 升至巡抚后之思想见解已有改变

彭鹏后来累升至广西及广东的巡抚，成为一省的最高行政长官。由《清史》本传及《广东通志·彭鹏传》看来，他在出任巡抚之后，似乎不曾颁令裁革全省的钱粮火耗。大概他在此时已经知道，这种由田赋附加的钱粮火耗是不宜尽数裁革的，而他在这方面的了解，更有可能是出自皇帝的训诲。如其不然，按照他在三河知县任内的作风及他在家书中所显示的思想和见解，他正应该在出任一省的最高行政长官之后，将这种作风推行及全省，以资减轻全省人民的负担，才是道理。由这些地方可以看出，彭鹏在三河知县任内的操守诚然艰苦卓绝，清廉无比，康熙帝对之，似乎并不十分赞成，更没有鼓励之意，这一层，在彭鹏死了之后所颁的皇帝谕旨中，亦可看出其中的趋向。《清史列传》卷十，《彭鹏传》云：

> 四十三年正月，卒于官，年六十有八。遗疏至，得旨：彭鹏自为县令以至巡抚，居官皆善，伊所属大小官员，从未有因亲友分别重视，诚为实心供职，克尽勤劳。忽闻溘逝，朕心深为轸恻。应得恤典，该部察例具奏。

在这段谕旨之中，我们看不出康熙对于彭鹏之一清如水而一介不取的情操之节有何特别的褒嘉与鼓励之处，所被圣帝看重的，只不过是“自为县令以至巡抚，居官皆善”，及“实心供职，克尽勤劳”的泛常之语而已。以这一类的赞语而言，彭鹏就只够资格归入循吏一类，不配被视为名臣了。这与老百姓的观点，显然大异其趣！然而，这似乎正是政治学的玄妙之处——老百姓所看重的伟大清官，在皇帝的心目中不过尔尔！彭鹏死而有知，宁不大呼负负。但是我们又怎能说康熙帝的看法不对呢？

在这里，我们可以引叙赵烈文《能静居日记》中所记载的曾国藩语录一则，以为比较参考之用。《能静居日记》中所记载的曾国藩语录，完全用曾国藩自己的语气，其中所说的“我”，便是曾国藩自己。下面这一段话，虽是专论蒋益沣做官之不当，看来却与彭鹏甚有关系。原文所记如下：

> 蒋益沣做官，做一衙门，将一衙门经费裁尽。到粤抚任，裁去韶关陋规，形诸奏牍。而别提藩库每月千五百金，作抚署办公用费，反较所裁之费为增。其各属员出息，亦一并严禁断绝，不准收受。在浙，民间虚声颇好，然其人太不正常。伊如要去尽属员饭碗，我亦不依。须知天下人饭碗万不能无，汝去他一饭碗，他别寻一饭碗，于公事无益，不过百姓吃亏而已。

蒋益沣，是左宗棠属下的大将，因战功任浙江藩司，后擢广东巡抚，被参劾罢官。照曾国藩的说法，蒋益沣在浙在粤，都专以裁革属员所得的陋规为事，虽能得地方人民之赞誉，而实于公事无益。因为地方上的陋规向来视为官员的额外收入，虽然并不正当，然究竟与违法渎职而来的贪污所得有别。禁革陋规的用意虽好，其实永难收效，不过予人以别立名目的机会而已，老百姓并不能沾到实际利益。准此而言，彭鹏如果要以巡抚的地位实行其三河知县时代的禁革火耗主张，所得之结果亦必然一样。这大概也是他不曾在广西广东颁令禁革钱粮火耗的原因之一吧。所以，我们综观彭鹏一生的宦绩，似乎以他在三河知县任内的表现最为有声有色。何况他在此一时期内所得到的“天下牧令第一”的美誉，更足以使普天下的小百姓视之为伟大的清官。于是，他才能在《包公案》故事之外，被另一部新的公案小说选中为故事的主角人物。数百年以来，《彭公案》虽不能与《包公案》享有同等的社会地位，他在社会大众的心目之中，也已建立起崇高的地位了。

由彭鹏的生平事迹看，《彭公案》故事中的叙述，可说与他全无关联之处——他既不曾与绿林英雄有过来往，也不曾扮成算命相士的模样去暗地私访，而凡此情节，显然都是模仿了《七侠五义》的结构形式而来的。《七侠五义》亦是一部虚构的小说，虽然主角人物的包拯确有其人，其人的故事情节却与包拯全无关涉。以此例彼，更可知道《彭公案》故事的产生由何而来。清代的所谓公案小说，来源大多如此，说来可发一笑。

# 解开纠缠不清的“香妃”之结

长久以来，清代野史中一直流传着这么一个凄艳绝伦的香妃故事：

清高宗乾隆二十四年，定边右副将军兆惠平定回疆，生擒小和卓木霍集占之妻香妃以献。妃为回族中之绝色美女，生而体有异香，不假薰沐，故而人称之为香妃。清高宗久闻香妃之美，既俘归京师，遂赦其罪，纳之为妃，宠眷逾恒。于西苑建宝月楼以居之，又于苑外建造回营，使入旗回人集居于此，居室皆仿回制，以慰藉其乡井之思，凡所以宠侍之者，无所不至。然香妃虽蒙此殊宠，仍不忘其国破家亡之恨，矢志报仇，必欲乘间刺杀皇帝。皇太后微闻此事，屡诫皇帝勿往妃所，不听。适逢祭祀大典，帝宿于斋宫，太后急召香妃入内，赐死。帝闻而谋救无及，痛悼不已。乃命厚其棺殓，归葬妃之故乡。今喀什噶尔东北有香妃墓，即其埋骨之所。当香妃初入京师时，帝命西洋画师郎世宁写其真容悬于宫中。今故宫所藏香妃戎装像，即郎世宁当年之手笔。

由于这一则故事充满了凄艳迷离的悲情色彩，自民国初年以来，已有无数文人撰为诗文凭弔，国剧中更有《香妃恨》专咏此事，其影响力之深远与被覆范围之广大，几乎已到了无人不知的地步。所以，即使学术界人士屡次撰文指出此事只是荒诞不经的无稽之谈，多数人仍对之深信不疑，以为学者之说并不可信。其中的实情究竟如何，实非口舌之争所能使人完全信服的。

最早撰文指出香妃故事只是“委巷不经之语”的，是清史权威孟森先生。他在1937年撰成《香妃考实》一文，引据公私载籍中的极多资料，考定野史传说中之所谓香妃，实即被乾隆帝封为“容妃”的回族妇女和卓氏，乃回部台吉和札麦之女，其入宫时间在兆惠平定回疆之前。乾隆帝之生母孝圣宪皇后钮祜禄氏死于乾隆四十二年，容妃则在孝宪死后十一年之乾隆五十三年病死，故可证明所谓矢志报仇与太后赐死之说，皆是荒诞不经的委巷之谈。孟森先生在清史研究方面的造诣极深，他的研究结论如此，野史流传中的香妃故事理应从此销声匿迹，不再扰乱视听才是。然而事实却又不然者，良因孟森先生当年考定此一疑案之时，所费的精力虽多，所引据的史料却未必十分完备。数十年以来，各种正反方面的真赝资料纷然杂出，直接间接都使孟森先生当年的论点受到影响；于是乃使主张反对论调的声音日见升高，而孟先生的考证结论反而相对地日形衰弱之势。

## 乾隆的回族妃嫔惟容妃一人

举一个最显著的实例为证。1989年11月间，名作家高阳在《联合报》撰《香妃的真面目》一文，指出北平故宫藏有乾隆帝当年与回族妃嫔骑马打猎的《威弧获鹿图》一幅，图中所绘回妃面貌，与世传《香妃戎装像》之面貌不同。由于乾隆帝之回族妃嫔只容妃一人，而容妃又即香妃，因此怀疑所谓《香妃戎装像》所绘者恐非香妃本人。此文刊出后，旋即有艺术史专家姜龙昭撰《容妃不是香妃》一文提出反驳，由此展开一场不算太长的论战，其论点无非一方面以为香妃即是容妃，而另一方面则不赞成此说，力主香妃别有其人，容妃并非即是香妃。姜先生为了证实他的说法，此后又在《大成报》副刊发表数万字的长文，题为《郎世宁的海西八珍及香妃画像》，指出在郎世宁所画的八幅名画中，至少有两幅题有香妃之名，可证香妃确实另有其人。此外则新疆喀什噶尔城外有香妃墓，墓旁并有当年运送香妃尸体回到喀什所用的灵轿，可证香妃死后确实归葬于此。至于容妃，则遵化清东陵的裕陵中有其坟墓，更可证明容妃与香妃不可能同为一人。姜先生的举证，看起来十分坚强有力。然则人们之所以愿相信野史传闻而不愿相信权威学者的考证结论，并非是没有道理的了。然而，真正的事实果然便是如此吗？

为了将香妃是否即是容妃的问题查考一个水落石出，势必须将足以影响研究考证的各种流言杂说一一查理清楚不可。因此，笔者希望能在这里作一番疏导清理的工作，以便能斩断一切纠缠不清的葛藤，将这问题的真面目呈现于读者诸君之前。

## “伊帕尔罕”乃“香妃”之义

孟森先生撰成《香妃考实》一文时，距今已有五十余年，五十余来年，很多当年未经孟先生寓目的档案史料陆续出现，其中尽有非常有价值而足以为孟先生的立论给予坚强支持者。如乾隆五十三年四月二十日，大学士和珅传奉乾隆帝谕旨，将容妃死后所留遗物分赠一干宫眷、太监及容妃母家亲属的处理清单中所开列的容妃母家亲属姓名，便是足以证明容妃与香妃同为一人的有力证据。

香妃的亲属是哪些人？在《钦定西域同文志》及《西域图志》中有其记

载。其高祖父名玛木提·玉素甫，有“和卓”之称；所谓“和卓”，即回教中之“圣裔”也。玛木提·玉素甫和卓有三子，长子阿巴克和卓，其四代孙即是乾隆年间在回疆作乱的“大小和卓”，大和卓为兄，名波罗尼都，小和卓为弟，名霍集占，这两人后来都先后被清人所杀。玉素甫之次子喀喇玛特和卓，生子墨敏。墨敏有子六人，长子木萨一支有子名玛木特。第三子阿里和卓即香妃之父。阿里有子名图尔都，即香妃之兄。玛木特之第五子名额色尹，六子名帕尔萨，均香妃之叔。喀喇玛特和卓一系之子孙在大小和卓叛变时并未随同作乱，并且在兆惠率清军入回疆定乱时立有战功，因此得蒙清政府之封赏。额色尹封为辅国公，玛木特、图尔都、帕尔萨等被封为一、二、三等台吉。过了三年，图尔都亦被进封为辅国公。《钦定西域同文志》及《西域图志》中所载的这些香妃谱系资料，在喀什噶尔城外香妃墓园中也有记载，其内容与此相同。此外，香妃墓园记录中更载明图尔都之妻名苏黛香，乃是当年护送香妃及图尔都遗体回喀，并在当地建造香妃墓的有功人士；又称香妃之名为“买木日艾则木”，别名伊帕尔罕，乃“香妃”之义。既然香妃之上代谱系及亲属姓名俱可由此查见，倘能由档案资料中查知容妃之谱系及亲属姓名，岂非即是证明两人身分同异的最有力资料？非常巧妙不过的是，容妃死后分赠遗物的亲属姓名中，就有这项资料可查。

## 容妃与香妃实同一人

北平故宫整理清宫档案所发现的一件《容妃遗物折》，其开头部分的内容记载如此：

乾隆五十三年四月二十日，大学士和珅传旨：容妃遗下衣物首饰等物，俱着分送内廷等位，并赏公主、大格格、及丹禅、本宫首领太监、女子等。钦此，于二十一日分摆盛安在奉三无私。上览过，奉旨：“赏”。于二十二日刘秉忠具折片九个奏过，奉旨：“知道了”，钦此。其十公主等物，和珅领去；大格格等物，伊令阿派广泰领去。

上文中所说到的“丹禅”，是满语，在汉语中的意义即是“娘家人”。容妃死时年已五十五岁，其娘家人之归入旗籍并随同在京中居住者还有哪些人生存在世？在这一件《容妃遗物折》中可以清清楚楚的看到共有二十人，摘录其中七人如下：

公额思音（按即上文之香妃五叔额色尹）

台吉帕尔萨（按即上文之香妃六叔帕尔萨）

额思音之妻

图尔都之妻（应即为上文中香妃兄长图尔都之妻，亦即香妃之嫂苏黛香）

容妃之姐

容妃之妹

帕尔萨之妻

由这些资料可以知道，容妃之五叔额色尹、六叔帕尔萨及其兄图尔都，均与香妃之五叔六叔及其兄之名字完全相同，可以证实容妃与香妃其实即是同一人。此一发现，与孟森先生当年的考证结论竟不谋而合，实在使人不能不承认，孟森先生的见解实在高明之至。由《容妃遗物折》中还有一项另外的发现，即当乾隆五十三年容妃以五十五岁的年龄病死宫中之时，其兄图尔都已前卒，故分赠遗物折中不列其名。根据流传在南疆喀什噶尔一带的传说，香妃之得以由北京归葬故土，得力于苏黛香之不辞万里跋涉，辛苦护送。其后苏黛香老死喀什，亦即附葬于香妃墓旁云。但现在的遵化清东陵中既有容妃之园寝，则容妃之葬地显然即在其地，喀什噶尔的香妃墓中又怎能有其尸体呢？这一问题，显然亦是造成香妃传说混乱的主要原因之一，不可不加以澄清。

## 香妃墓与香妃埋葬处所无关

位于南疆喀什噶尔城外的香妃墓，自民国成立以来，由于香妃传说之流传，已经不知道有过多少慕名的游客去实地拜访了。由这些数目众多的游记文字中不难发现，所谓香妃墓也者，其实很可能与所谓香妃埋葬之处根本毫无关连，只是好事者之有意播弄妆点而已。抄录一些比较具体的文字纪录于后，即不难看出这种传说附会之由来。

一、清人萧雄所撰《香娘娘庙》

> 香娘娘庙，在喀什噶尔回城北四五里许。庙形四方，中空而顶圆，无像设，惟墓在焉。……香娘娘，乾隆间喀什噶尔人，降生不凡，体有香气，性真笃，因恋母，归没于母家。其后甚著灵异。

萧雄乃清末时人，光绪初年曾游新疆，此文见于光绪十八年刊本之《西疆杂述诗》中。由这一段记述可知，在清朝光绪年间所流传的香妃墓传闻，尚无“死后归葬”之说。然则“矢志报仇”及“太后赐死”之传说当然更无踪迹了。

二、民国谢彬所撰之《香娘娘庙》

> ……庙周有垣，妃陵位东北隅，上圆下方，墙皆绿色花砖，望若琉

璃，宏敞壮丽，胜哈密回王陵寝数倍。中有坟墓数十，层叠环列。询问守墓阿诨，香坟何在？皆莫能对。惟谓大者男坟，小者女坟，皆香妃亲属而已。当门左偏，有废銮舆一乘，装饰俗陋，相传为乾隆所赐。有谓为香妃生前所乘用者，有谓为灵榇西还所驮载者。夫高宗在全盛之时，断不以此粗糙之物赐彼宠妃，其为附会，不辨而明。（原载 1923 年上海中华书局出版之《新疆游记》中）

三、民国林之撰《记香娘娘麻札》

香妃是清乾隆时的一位皇妃，她是新疆喀什噶尔人。相传她降生的时候，身上有香气，所以称为香妃。她被选入宫后，因为日夜思母，乾隆就派遣人马护送她回乡。不幸到了南疆的巴楚时就得病死了，护送的军士们将她的尸体搬运回喀什，在回城北四、五里的地方建筑起一座辉煌的大坟墓来，直到如今，还受著维族同胞的膜拜。①

## 香妃墓实是其家族的墓园

四、民国王乃凡撰《香妃墓》

新疆南部历史名城喀什噶尔东门外三公里处，有一个极富伊斯兰教色彩的墓园，那就是著名的香妃墓了。这个墓园，原是香妃外祖父阿巴霍加为他父亲优素福霍加（原注：即香妃的外曾祖父）所建的墓地，三百多年来，已经过六次修葺，但在香妃死后，即十八世纪六十年代末，

① 原载 1948 年上海出版之《瀚海潮》杂志第二卷第二、三两期合刊

或七十年代初，才修建成现在这个样子的大墓。这个墓园，虽然以优素福霍加为首，合葬其家族五代七十二人，但由于香妃的名气大，因此，二百多年来，人们便把这个家族的墓园称为香妃墓，乃至相沿成习了。……进入墓堂大门，便可以看到七十二个大小不一的坟位，整齐地排列在一米高的大平台上。按照维吾尔族的传统，儿子死了葬在父坟侧，女儿死了葬在母坟侧，因此香妃坟是在大堂右上角其母坟旁边，除了在其坟头被今人放置着一幅香妃的素描像之外，没有什么特殊之处。而那幅香妃像，则传为曾在清廷供职的意大利画家郎世宁所绘。原作为油画，现藏于北京故宫，全身戎装，盔甲是中世纪欧洲武士式的，宛似圣女贞德，没有多少维吾尔族味道。①

五、意大利人蒂齐亚诺·台尔察尼所撰《新疆喀什和中亚边界》一书中之摘录

……而去注意七十二座陵墓中那一个微不足道的坟墓——香妃墓。香妃墓已空，人们称它为香妃博物馆。关于这座墓，还有一段故事：她是一位典型的、美艳无比的维吾尔族少女，喀什霍集占的王妃。一七五八年乾隆皇帝的军队侵入喀什，统治了这个地区，她的丈夫死了，她给掠进清宫。乾隆对她十分宠爱，但她情切故主。不久，皇太后趁乾隆外巡时召她赐死。她用丝巾悬梁自尽。乾隆得知后，命令将她的棺柩埋在京西八十公里他的生圹旁边。喀什另有一座香妃墓，人们只能见到棺椁和驮运棺椁回喀什的灵车。②

① 原载香港《风光》杂志。

② 原载1983年联邦德国出版的《明镜周刊》第四十五期，崔志忠译。

## 香妃的真墓应在乾隆陵墓中

以上所引叙的有关游记文字虽然只有五种，却可以使我们对喀什噶尔城外的“香妃墓”得到如下一些认识：

一、所谓喀什噶尔的“香妃墓”，实际只是以玉素甫（即优素福）和卓为首的一个家族墓群，所葬的即是玉素甫和卓上下五代七十二人的尸体。由于香妃的名气太大，所以后来被称为“香妃墓”，其实这里面并无香妃之尸体。

二、清朝末年的萧雄及民国初年的谢彬往游香妃墓时，守墓人根本指不出何处为香妃所葬之坟。后来虽然被定位在“大堂右上角其母坟旁”之一处，实际上则空无所有。

三、放置在香妃坟旁的香妃画像，即是传说为《香妃戎装像》的仿制品，究竟香妃的形象如何，当地人并无所知。

四、若据意大利人蒂齐亚诺·台尔察尼的观察意见，则香妃之真墓应在遵化清东陵之裕陵（乾隆陵墓）中，喀什噶尔的香妃墓只是一座空坟而已。

根据上述各种资料中的纪录，可以使我们这些未曾有缘前往喀什噶尔“香妃墓”实地游览的关心人士亦可了解，所谓喀什噶尔香妃墓，实际上不过是民国以来某一些好事之徒根据野史传闻所妆点出来的冒牌货。试看这种传说在清代末年还只处在依稀疑似的地步，渐到后来反而愈见具体，即可知其发展过程便即是随着传说之发展而同时增添者。如果仔细分析研究，便可知道其实出于虚构附会。

既然所谓香妃与容妃实际上只是同一个人，而容妃生平又并无短命早死之事，则所谓香妃本系小和卓霍集占之妻，被俘入京之后因志切报仇而不肯顺从乾隆帝，终被太后赐死等等的传说附会，又是从何而来的呢？要了解这一问题，必须先对这种传说之发生时间及其演变经过作一通盘检讨，方能破此疑惑。

## 香妃故事始于《今列女传》

按，所谓香妃的故事，在清代中叶以前的稗官野史中始终未曾见有著录，开始有此传说的文字纪录，是清末民初时人王闿运所撰的《今列女传》。清光绪卅三年刊印的《王湘绮全集》卷五《今列女传》的“母仪”一章，有如下一段记述：

> 准回之平也，有女籍于宫中，生有美色，专得上宠，号曰“回妃”。然准女怀其家国，恨其亡破，阴怀逆志，因侍寝而惊宫御者，数矣。诘问，具对以必死报父母之仇。上益悲壮其志，思以恩养之。太后知焉，每召回女，上辄左右之。会郊祀斋宿，子夜驾出，太后乘平辇直至上宫，入便闭门。宫宦奔告，上遽命驾还，叩门不得入，以额触扉，臣御号泣，闻于内外。太后当门坐，使召回女，绞而杀之，待其气绝，抚之已冷，乃启门。上入号泣，俄而大悟，顿首太后前。太后亦持上流涕，左右莫不感动泣下。海内闻者皆叹息，相谓天子有圣母也。

看王闿运所说的这一段故事，便可知道即是后来野史所传香妃故事之张本，只是王闿运故事中的“回妃”尚非后来传说之“香妃”而已。但是，清平准噶尔回部既是清高宗朝之事，而高宗宫中的回妃又只“容妃即香妃”一人，如此辗转牵扯，就将此一壮烈殉志的回女死难故事附会到香妃身上了。推想起来，清乾隆朝平定准噶尔回部之时，很可能有这么一个美艳而刚烈的回族少女被俘入宫，因不肯顺从乾隆而又志切报仇之故，被乾隆帝生母孝宪皇太后所杀，惟其生世已不能详。只因王闿运的文字中称之为“回妃”，而乾隆帝一生所册封的回族妃嫔又只有容妃一人，彼此枘凿扞格，遂使此一与香妃并无相干的故事，被附会到了香妃身上，终于造成此一扑朔迷离的宫廷疑案。由郎世宁所绘海西八珍图至少有两幅注明香妃称号看来，此香妃当然应即是始终备承乾隆帝恩宠之容妃。但因香妃只是俗称，容妃则是经过正式册封的官称，显然亦不可因名称互异之理由而坚信香妃与容妃乃是截然不同的两个人，以致凭空生出无穷的纠葛。非常明显不过的事实是：香妃乃是体有异香的一个回族美女，她在入宫之后既然被册封为容妃，当然不可能在官文书中留下香妃之名。能够将这种错综复杂的关系剖析清楚，香妃与容妃是否同为一人的答案当然即可产生。在各种资料证明都如此具体明白的今天，相信此应是正确无疑的结论。至于所谓《香妃戎装像》中的美女究竟是不是香妃本人？则还可以引用下面的这些资料来作为答复。

## 《香妃事略》并无根据

所谓《香妃戎装像》，乃是 1914 年陈列在北京故宫西华门里浴德堂中的一幅油画像。画面上是一位身穿铠甲、佩剑挺立、英姿勃勃的美丽女子。展出时，画像上所加的标题曰：“香妃戎装像”。在此一画像下另有一篇《香妃事略》，简单介绍画中人物的生平。就是因为这一篇《香妃事略》，所以才会在后来衍生出无数的附会之谈，可见这一篇《香妃事略》正是酿成一切祸源的始作俑者。既然这一篇《香妃事略》具有如此特别的重要性，当然应给予特别的注意。

假如这一篇《香妃事略》确是出于有根据的历史记载，当然有其可信之价值。无奈清代的公私记载中从未见有关于这方面的记录，最相近似的亦只有王闿运写在《今列女传》中的那一则回妃故事，然而王闿运的故事中亦未见有香妃之名。究竟《香妃事略》中的记述内容何所据而来？这个问题，1981年7月4日至6日刊载于香港《新晚报》上的一篇文章里曾经有过答案。文章的题目名叫《传说中的香妃即容妃》，作者刘汉屏、于善浦二人均北平故宫博物院的研究工作人员。此文的开头部分先叙述1914故宫古物陈列所在武英殿西侧浴德堂内展出《香妃戎装像》的缘起，其后即说：

> 这次绘声绘色的展览，确实招徕了很多游客，因为它是故宫内的展览，更加使人信服。从此香妃不仅轰动京城，她的事迹也传遍了全国各地。

由于故宫古物陈列所展出《香妃戎装像》并附加《香妃事略》的说明，造成了香妃故事的轰动，不仅香妃故事从此传遍全国，许多接续出版的清宫演义及清宫秘史等书亦视此为珍贵题材，先后将之写入书中。到了后来，有人追究此事的源起，向故宫有关人员查问，当年如何确定陈列在浴德堂中的这幅油画所画的即是真正的香妃？则时任北京故宫博物院副院长的单士元回忆说，当时此一油画上并无标签题名，说明亦无根据，“是几个人拿的主意，为的是以这张像招徕游客，却为后人制造了混乱”。单士元的这番话，当真可为纠缠了几十年的香妃故事揭开最大的秘密——原来所谓《香妃戎装像》的题名与所谓《香妃事略》的文字说明，都是当时古物陈列所里少数几个人随便编造出来的，其目的只在借此“招徕游客”而已！

# 宝月楼真是乾隆藏娇之处吗？

一九九一年八月廿四日，姜龙昭先生发表新作《千山万水远跋涉，追本溯源寻芳踪——喀什噶尔香妃墓记实》。姜先生笃信香妃确有其人，为了贯彻他的信念，竟不辞万里跋涉，在酷暑黄沙的困难旅程中千辛万苦地到喀什噶尔去走了一趟，其精神实在可佩；所遗憾的是，姜先生千辛万苦地走了一趟喀什噶尔，除了看到号称为“香妃庙”的“阿巴霍加麻札”之外，并无更进一步的发现。照笔者个人粗浅的看法，如果姜先生希望对香妃问题有更深一层的了解，真正要去实地勘察的地方，应该是北京的宝月楼遗址。因草此文，以就教于姜先生。

## 宝月楼与香妃

宝月楼之与香妃扯上关系，一九一四年故宫所办香妃图像展览及其所附香妃小传，应为始作俑者。今先将《香妃小传》中的有关部分录后：

香妃者，回部王妃也。美姿色，生而体有异香，不假薰沐，国人号之为香妃。或有称其美于中土者，清高宗闻之，西师之役，嘱将军兆惠一穷其异。回疆既平，兆惠果生得香妃。帝命于西内建宝月楼居之，楼外建回营，毳幕韦鞲，具如西域式。又武英殿之西浴德堂，仿土耳其式建筑，相传亦为香妃沐浴之所。盖帝欲借种种以取悦其意，而稍杀其思乡之念也。

照此说法，当年的清高宗乾隆皇帝为了要获得这回部美女，先则令将军兆惠设法罗致，既得之后，更在西内建宝月楼专供其居住。然则宝月楼应为乾隆帝当年的金屋藏娇之地，应无疑义。一九九〇年，姜龙昭先生在收藏家郭志诚先生处获见号称为“海西八珍”之一的《宝月尝荔图》，由图中题诗之附注，进一步确定当年的宝月楼中，确有香妃其人居住其处。

有人一直以为，乾隆帝当年所建的宝月楼，早已被袁世凯拆毁无存，哪里还有什么遗迹可寻？这就是非常错误的想法了。

## 昔日望家楼今之新华门

一九八五年由北京书目文献社出版的《香妃》一书，编者于善浦、董乃强二人曾将一切有关香妃问题的资料悉数收录，内容十分完备。此书一八五、一八六页转引《回教杂志》第一卷七期署名“宗正”所撰《回回营清真寺》一文中，曾引据《燕京掌故》中的两条资料，介绍了宝月楼的掌故，读之可知宝月楼之现状。今先引叙其中之一条如下：

宝月楼俗呼为“望家楼”，即今之新华门。望家楼名，今京师五旬以上之人或知之，青年者恐多未晓。是门历史悠久，既关中华民国二十八载掌故，复有一段秘史騰诸社会，即所谓香妃守节事是也。考宝月楼为清高宗戊寅年所建，北临南海，隔海为瀛台，东西与同豫轩、茂对斋相望，楼上有额曰“仰视俯察”。在清代新华门未辟，宝月楼前为一抹宫墙，墙上黄瓦，朱楼翘起，街南斜对回子营。……民国改建，项城雄心甚大，乃选居仁堂作办公所，辟宝月楼为新华门。用昭九五当阳之义。

根据乾隆帝所撰《御制宝月楼记》中之所说，宝月楼“鸠工戊寅之春，落成是岁之秋。”戊寅即乾隆二十三年，其时兆惠的出征之师尚未奏凯。至于乾隆帝建造此楼之用意，则是：“顾液池南岸逼近皇城，长以二百丈计，阔以四丈计，地既狭，前朝未置宫室，每临台南望，嫌其直长鲜屏蔽”，故于其地添建宝月楼以资点缀。乾隆帝所撰《御制题宝月楼诗》有句云：“南岸嫌长因构楼，楼临直北望瀛洲。”可见此楼建成之时，其方位本为坐南朝北，以朝向南海瀛台之一方为正面；其后之所以有“望家楼”之名，则以楼高超出南面之宫墙甚多，向南亦可看见宫墙隔街之南的回子营故也。清既亡，袁世凯选中了中南海的居仁堂作总统府，为了要在这里新开一个出入口，就把宝月楼背后的那一段黄色宫墙拆掉，利用宝月楼下原有的圆形拱门作为大门，改名为新华门。于是，乾隆帝所建的宝月楼就变成了袁世凯的新华门了。袁世凯时代的总统府，迄今仍为中国政府的政治中枢所在地，新华门不但依旧禁卫森严，连名称也一仍旧贯，实在非常奇妙。不过，在国民政府定都南京之时，中南海并没有总统府，尽可供游人登临游观。所以，在当时人所留下的文字记录中，也还可以看出旧时宝月楼之形式及其构制。《燕京掌故》另一篇名为《望家楼之又一记载》的文章中说：

北京西长安街之东，有门曰新华。民国初建，袁世凯任大总统，门前车水马龙，曾喧嚣一时。至此门之前身，即昔日群呼为“望家楼”者也。此楼为清高宗乾隆戊寅年所建，以居香妃，赐名“宝月”，一切制度，均仿清真教之习俗。所有陈设品，则敕粤海关购自西域。街南则为

> 回人佐领办事处。……其大门建筑奇古，下为巨石叠成，俨若城门，雉堞环拱，备极庄严。其上为小屋，朱壁辉煌如庙宇。再上为有窗之屋。顶端仍为小室，四壁轩敞，无户无牖。统计上下共四层，高逾二丈以上。人过其下，仿佛身到西域也。香妃燕居，每忆家则登楼南望，以慰幽思。故民俗呼为“望家楼”云。

这一篇文章的写作时间在一九三九年，中南海乃是北京居民的游览之地，所以原作者能够清楚明白的介绍当时的宝月楼情况。只是，此文对宝月楼的情况虽然交代得很清楚，所谓此楼为香妃所居，以及“香妃燕居，每思家则登楼南望，以慰幽思”云云，实欠分明。因为就从此文所介绍的宝月楼构制情况来看，像这样的一所楼房，是可供香妃“燕居”其中的地方么？

## 朱壁辉煌如庙宇

根据商务印书馆出版于倬云主编的《紫禁城宫殿》，及南开大学出版社出版汪莱茵、陈伯霖二人合撰的《紫禁城——红墙内的宫闱旧事》等书的叙述，居住在紫禁城后半部“生活区”内的清代后妃，各人都有自己独居的宫殿一所，皇后住于坤宁宫，妃嫔们住居于承乾、永和、长春、储秀、景仁、延禧等东六宫及西六宫，等级较次的贵人等则大致二人合住一宫。每一处宫殿，都由正殿、后殿、配殿、耳房、值房等房屋合组而成，自成一个独立的生活单元。两厢的后面留有防火巷，亦即是打更人往来的更道。院中凿有水井，以供不时之需。正殿及后殿的暖阁，平砖叠砌的地面上留有烧炭取暖的“地炕”，每年霜降过后，地炕开始生火，热气从平整光洁的砖面上缓缓透上地表，再逐渐散发至空中，虽是数九寒天的隆冬时节，殿内亦毫无寒意。到了夏天，为了防晒隔热，后宫的各处宫殿又都要搭盖芦席制成的天棚，以资纳凉避暑，一直要到过了“处暑”之后方才拆掉。这种建筑设计及防寒避暑的生活安排，不但使居处其中的后宫妃嫔们生活舒适，在安全管理方面亦复完善周到，妥适之至。以此一标准来衡量宝月楼的建筑情形，当可知道，宝月楼是否适合作乾隆帝的金屋藏娇之用。

如前所述，建成于乾隆廿三年的宝月楼，乃是基座一层而楼屋三层的回教式建筑物。在巨石叠成的基座中留有圆形拱门一个，上饰雉堞，宛如城门。楼屋的最下层是“朱壁辉煌如庙宇”的小屋，中层为“有窗之屋”，顶层则是“四壁轩敞”而“无户无牖”的小室。依一般回教式建筑物的形制推测，这所谓位居顶层而“四壁轩敞”“无户无牖”的上室，似乎只是装饰美观的四方体建筑附加之物，并无实际用途，真正能用作房屋的只是中下两层而已。位居中层的“有窗之屋”，应该即是宝月楼的主体部分，其用途在登临观眺。宝月楼之所以能被称为“楼”，全在这一点上。因为再下一层便是“朱壁辉煌如庙宇”的小屋，既不能作观眺之用，亦不配楼名之称了。一九四二年，安次魏子丹作《香妃小记》，文中说到他曾在中南海开放为公园时登楼参观，所见之宝月楼“广凡七楹，壁画悉回疆风景。居中列大铜镜，高寻丈，宽五尺许，无他陈设”云云。由楼之纵深虽不广，横面则甚宽，其长度可达八九丈以上。这一点，若与姜龙昭先生所介绍的《宝月尝荔图》相参看，必定可以得到更具体的印象。

## 宝月尝荔图

见于姜著《香妃考证研究续编》书前的“宝月尝荔图”彩印本，据说出于意大利名画家郎世宁之手。此图正面为一横面极宽之高楼，上绘盘龙圆柱四根。楼柱之间因无窗户阻隔，远眺瀛台及南海湖面，爽朗轩豁，视界极佳。此可证宝月楼之主要用途在登临观眺，想必其背面可以凭栏远眺长安街南回子营之后部架构，亦必大致相同。像这样横面极宽而不设窗户的高楼，夏日虽凉爽而不能避日晒，到冬天简直就是西北风的老家了，这样的房子如何可以用作皇帝与其宠妃的寝宫呢？楼上不住，势必只好住到楼下。但楼下却是"朱壁辉煌如庙宇"的"小屋"，徒饰美观，未必实用，皇帝和他的宠妃即使可以勉强处身其中，侍候他们的宫女、太监们又将置身何处呢？逼窄低浅的小屋可以用来作为皇帝与宠妃的爱窝，这种话说起来未免亵渎尊严，可是似乎没有人想到这一层。所以我实在很希望姜龙昭先生能实地前去了解一番，以破我心中之惑。否则我实在想不出答案来解释这个问题。除此之外，《宝月尝荔图》还有另外一些疑问，也是很难解释的。《宝月尝荔图》上所画的"香妃"，身着西洋贵妇装，轻绸长衣，蓝缎外褂，束腰敞胸，戴帽插羽，安坐于一张太师椅上。旁有一桌，桌上置一果盘，盘中荔枝累累。"香妃"一手从盘中取荔枝作欲食之状，一手扶搭椅背，其神情极为安详愉快。图后题跋，首为乾隆帝之"御制诗"。诗不足贵，值得注意的是夹在是诗中的附注。第一段说：

西臣郎世宁携技来贡王庭，其传神丹青之巧，别具匠心而独树一帜。爰命其绘御妃宝月楼尝荔图。披览之余，真觉此身之在画图中也。

按，郎世宁来华以后所作绘画，在《国朝院画录》及《石渠宝笈》等书中均有著录。晚年画过一有关新疆题材的作品，却未见有曾为香妃画像的记载。上面的这一条诗注，等于是为郎世宁作证，证明此画乃出于郎世宁之手。下面的另一段诗注，更说明了此画中的"御妃"即是香妃。原注云：

宝月楼建于太液池之南，北望瀛台，南瞩阛市，既近市尘，足远观而鲜尘嚣之扰，为禁御中最可观民风之地。爰命香妃居此，俟几暇临幸。时值岭南初贡荔枝，思及唐代故事，敕绘宝月楼尝荔图。虽有今昔之殊，而置之座右，亦足以便观览而稍存戒心焉。

清高宗乾隆帝真不愧为“英主”，只为他所宠爱的“香妃”在宝月楼上吃岭南新贡的荔枝，就连想到唐玄宗当年因过分宠爱杨贵妃而致亡国的故事，亟亟在图后题诗加注，说明此图虽意存观览而亦不忘鉴戒，表示他决不会像唐玄宗那样，为了宠爱“香妃”之故而不惜殚竭民力，远道前往“岭南”驿致鲜荔枝的。不过，这些话虽然说起来十分冠冕堂皇，研究起来却漏洞百出，最后甚至使我十分怀疑，当年的乾隆帝果真曾经命郎世宁绘成此画并说过这些话么?

## 乾隆帝诗中的一大疑点

我之所以对乾隆帝此言表示怀疑，进一步更怀疑乾隆帝当年是否曾命郎世宁绘此《宝月尝荔图》，主要系基于以下之考虑。

唐代建都长安，而杨贵妃所嗜食之荔枝来自四川。由四川至长安，虽然道途艰难，但只要皇帝下达命令，叫当地地方官去做，谁敢不拼了命驿递飞驰，把杨贵妃所爱吃的荔枝由四川送到长安来。所谓“一骑红尘妃子笑，无人知是荔枝来”，即是此一典故之由来。但长安与四川路程并不太远，驿递飞驰，还赶得及在新鲜荔枝没有变坏之前送到京中。广东与北京的路程，要比四川到长安的路程远上好几倍，出在广东的新鲜荔枝，要在未腐烂之前就能到达北京，除非用火车或飞机运送，使用古代的驿递是绝对无法办到的。乾隆帝御制诗注中的最大漏洞，就在这里。

福建与广东，是清代中国出产荔枝最盛的两省，其中福建荔枝品质之佳又胜于广东，所以福建荔枝之大名亦盖过广东。由于古代的交通运输落后，新鲜荔枝还没有运出福建、广东省境就已腐烂，所以除了另一个出产荔枝的四川省外，在福建、广东以北的省分只能吃到荔枝干，那里的人从没有吃过新鲜荔枝。但是清朝的康熙帝改变了这一情况，经由他的设计，福建省的新鲜荔枝居然能贡到京中，实在稀罕得很。

从福建或广东进京，路程的远近相仿。但福建至北京的驿程有一项便利之处——可以利用水路。由于有此便利，所以在铁、公路交通未开辟之前，福建可以想办法运送新鲜荔枝到北京，而广东不能。

由福建省的福州往北京，在省内可以充分利用闽江水系的河道乘船至浦城。由浦城起旱往北，越仙霞岭至浙江省的江山县，这一段路程翻山越岭，行走较为困难。但一到江山县就又可乘坐钱塘江的下水船直到杭州，到了杭州，又可接上通往北京的大运河，一路全是水程，虽缓慢却颇便利。估计由福州到达北京，全部旅程约需时四十余天，这在《林则徐日记》中都可以看到此一实际情形，也可知道他每次在这条路上旅行时，所采取的都是这种水陆接驳的方法。

宋徽宗当年在汴京建艮岳，种在那里的荔枝树居然能结果实，看来十分奇怪。他所用的办法，是在广东采运活的荔枝树，在开花之时就开始起运，碰到一切顺利时，到达汴京的荔枝树上就有新鲜的果实，虽然那树上所结的荔枝不一定能够成熟。清朝的康熙帝师法宋徽宗之故智，要福建巡抚预先把能结果的荔枝树种在木桶里，每桶一棵。等到桶里的荔枝树开花结果，即刻装船起运。这些种在木桶里的荔枝树用船运毫无困难，比较困难的只是浦城与江山之间的二百多里陆路，搬运较为辛苦，但只要一到江山，问题也就解决了。如此水陆驳运，沿途小心照顾，在跋涉四十余天之后到达北京，正是树上鲜荔成熟之时，在北京的皇帝就有新鲜荔枝可吃了。这比之宋徽宗时代的艮岳还要成功。自此以后，福建省开始进贡桶装荔枝树，到了北京就是鲜荔枝。虽然因棵株太小之故，一棵树上结不了四五个荔枝，但总是一项非常成功的试验，值得皇帝们骄傲的。

## 对香妃的几项臆测

根据清代宫中档《哈蜜瓜荔枝底簿》中的记载，乾隆二十五年六月，依此法运到北京的荔枝树共计五十八桶，结在枝头上的鲜荔枝共计二百二十颗。不过因为这些荔枝最后未必都能成熟，可以吃的大约不过一百多颗而已。在这些荔枝中，除了佛前供奉之外，能够进献给皇太后的不过只有两三颗，由皇帝降旨分赐予皇后妃嫔们尝新的也只有每人一两颗而已。此外还有一些，大概是由皇帝分赐给了近支王公与亲信大臣们了。例如当年归顺清朝而此时住在京中的回疆图尔都和卓、伯和卓等，有时也有各赏鲜荔枝一颗的记录。分赏荔枝的数目如此之少，是因为能够得到的成熟荔枝实在太少。如果传说中的香妃确有其人，她此时所能得到赏赐的新鲜荔枝又能有多少呢?

传说中的香妃是否确有其人?这是另一个问题。不过，被称为“海西八珍”之一，并出自郎世宁手笔的《宝月尝荔图》，图中所绘置于果盘中的荔枝，却累累然地有数十个之多。古代的皇帝们标榜“以孝治天下”，乾隆帝之生母贵为皇太后，当然应得到最好的奉养。但当皇太后都只能尝到两三颗鲜荔枝的时候，《宝月尝荔图》中的香妃，却有整盘的鲜荔可以恣意享用，这又当作何解释呢？难道乾隆帝会在分赏之外自己留下了最大的一份专供香妃享受么？难道身为皇帝之人会作这种藏私偏心的可笑之事么？难道他不怕天下臣民之耻笑么？

清代康熙、雍正、乾隆各朝的鲜荔进贡来自福建，只有在清代末年开始兴建铁路及外洋轮船开始航行香港天津之间以后，广东的新鲜荔枝才有可能经由便捷快速的新式运输工具运抵北京。在那种情形之下，运到北京的鲜荔枝当然不止一百个两百个。也只有在那种情形之下，作画之人才会有整盘荔枝的可能想像。所以，要说《宝月尝荔图》的绘制时间在清乾隆时，所绘人物即是传说中的香妃其人，未免不能与当时之时代背景相符合。

## 冬寒夏热的宝月楼

如果《宝月尝荔图》并非托名郎世宁所绘的假画，如果民国三年故宫陈列单位所撰《香妃事略》确有所据，因而可用这两项文字记录证明香妃确有其人，以及其所居之地即在西苑之宝月楼的话，住在宝月楼中的“香妃”，所面对的应是如下各种情况：

一、楼不能居，她只能以“朱壁辉煌如庙宇”的楼下“小屋”为其寝处之所。即使乾隆帝“几暇临幸”，也只能委曲他到这一“爱窝”去住纯回教式的房子。

二、为了顾及体制，伺候此一宠妃的首领太监、小太监、宫女侍从人等必须另外设法安顿，但除了这两层楼房之外却又想不出另外还有什么地方？

三、没有厨房，没有水井，平时的膳食问题不知当如何解决？

四、冬无地坑可以烧炭取暖，夏无凉棚可以避暑，住在这里的“香妃”

必须有坚强之体魄能耐北京气候之冬日酷寒及夏日盛暑。

五、缺乏警卫安全设施，万一有回疆的爱国志士前来“劫美”，则越过一道不到两丈高的宫墙便可轻易得手，不知道英明的乾隆帝何以对这个问题毫不在意?

六、由于皇帝对她特别宠爱，她几乎可以得到份例之外的任何享受。例如在皇太后与皇后都只能分到两三颗新鲜荔枝尝新之时，住在宝月楼中的“香妃”却可以整盘享用。不过这整盘荔枝的来源却很可能是乾隆帝偷藏起来的“私货”，张扬出去，就要使乾隆帝蒙受忤逆不孝之骂名了。

若要真正证明，传说中的香妃确实在乾隆二十五年进入清宫之后，真的被乾隆帝安顿在宝月楼，对于以上种种不合理的情况就必需都要能有合理的解释，否则怎能使人相信宝月楼即是乾隆帝得到香妃之后的金屋藏娇之地?所以我认为宝月楼这个地方，是确定香妃问题的关键之地。姜先生间关万里地跋涉到新疆的喀什噶尔，足见他对于他所追求的信念向往之诚。到北京要比到新疆喀什近得多也容易得多，如果他再能拨冗前往实地勘察一番，对香妃问题必定能有更深一层的了解与认识。不知姜先生亦以鄙言为不谬否?

# 乾隆点头·和珅弄钱

## ——十全老人何以纵容超级贪官？

乾隆一朝，在清代称为“盛世”，其文治武功均臻于极盛，而贪风之炽亦堪称空前。乾隆朝最大的贪官和珅，这家伙就是乾隆帝最倚信的宰相。乾隆帝号称“英主”，生平诛杀违法渎职贪赃营私的官吏无数，何以独能容忍和珅恣肆其贪污搜刮而置之不问？即使说乾隆帝对和珅有独特的感情，亦不致放纵溺爱而昏暗不明至如此之程度。这应是历史上最大的疑窦，相信亦是读者诸君的共同想法，应该有所澄清。

### 皇帝接受臣下的钱财进奉，算不算贪污？

乾隆帝虽然果于杀戮，他自己是不是能洁身自好而正直不阿？这是一个很大的问题。如果他自己并不能洁身自好，似难免善窥意旨的奸佞者流设法以货利投其所好，从而动摇其肃贪之决心。由和珅与乾隆帝特别投缘的现象，以及和珅本身又是一个大贪官的情形看，他们之间，很可能存在着这种彼此利用的敛财关系，只是过去始终难以查获其证据而已。但现在的情形已全不一样，我们已经可以根据现有的证据，作这样的推测了。

谁都知道，官吏不能借职务关系得人财物，否则即构成贪污罪行。但身为国家最高统治者的皇室领导人是否可以接受臣下的钱财进奉，这种行为算不算是贪污呢？清代末年，这种行为在当时谓之“报效”。由于它与乾隆时代的类似行径颇有相似之处，所以应先加以引述。胡思敬《国闻备乘》卷二页三，有“报效”一条，说：

凡奸臣善迎合者，多借言利以结主知。岁入有常经，不能过求于户部；民穷虑走险，不能苛责于闾阎，则报效之说以起。当光绪十二年兴海军报效时，革员杨宗濂、姚宝勋、马永修、陈本，各献多金谋开复，主事延熙以五千金得郎中，郎中岑春荣以五千金得道员，道员周绶沈永泉各以万金得记名简放。阳借海军为名，实用以给园工。在内醇亲王奕譞主之，在外李鸿章主之，罔非献媚宫闱，以为固宠求荣之地。然当时利孔初开，内外稍知畏忌，受授之间，不过如此而止。后练兵处祖袭海军故智，仍用报效之法罔私鬻官，辇金求进者，自十万以至数十万不止。监司部郎，上下不甚贵重，动以京卿相答谢。然交通关说，必得要人指引，取径而入。闻诸员报效海军者，副都统恩佑得贿独多。张振勋进二十万金报效练兵，乃过其数。始作俑者无后，李鸿章盖不得辞其咎矣。

## 有罪认罚而交了银子后，另派更好的差使

清代末年，官以贿得，由上文可知，当时最大的卖主，即是当政的慈禧太后。其鬻官敛财之目的，最初是为了修造颐和园，后来则干脆是得钱。慈禧太后柄政的后期，政治上的贪风盛行，领军机的庆亲王奕劻等人，公开收

受贿赂，表面上说是为了应付宫廷之需要，事实上则他们自己的渔利所得更多于进奉之数。此一事实可以证明一项理论：如果当政的统治者想借贪污手段得财受贿，必将造成普遍的贪风而无可戢止。由清末政治风气腐败的情形追溯乾隆末年贪风之盛，彼此之间可说都有相似的原因。在民国时代所发现的清军机处档案“密记档”中，我们就可以看到类此之事实。

1936年，故宫博物院文献馆在宫中发现了一批“密记档”，乃是乾隆末年的军机处密档之一，其内容专记当时满汉大臣“自行议罪认交银两事件”，乃是历来清史学家未之前闻的珍贵掌故，所以将它们编入《文献丛编》中刊布流传，以供研究。由这批档案的内容可知，乾隆朝虽为清代之“盛世”，当时的皇帝竟亦接受臣下的巨额进奉；不过其名称不称为进奉，亦不称为报效，而称之为“议罪银两”。议罪银两的极妙用途是：有罪认罚而交了银子之后，不但原罪可以不究，皇帝还可另派更好的差使，让罚银之人可以有更多的补偿机会。这其间的关系如此微妙，不引征原文，似难使读者相信当时竟有此事实存在。所以有必要抄录一段原文，以为征验。《文献丛编》第廿五辑页五所载李质颖奏疏云：

> 奴才李质颖谨奏：为仰恳圣恩，俯准宽限事。窃奴才内府世仆，仰蒙皇上天恩，用至巡抚。乃愚蠢糊涂，屡获罪愆，荷蒙皇恩曲赐矜全，不加严谴，愧悚交集，感激难名。奴才于浙江巡抚任内未行参奏王燧，情愿罚银十万两。粤海关监督任内奏事错误，情愿交银二万两。四十六、七两年关税盈余短少，部议赔银三万六千余两。审理广东盐案不实，情愿罚银十万两。共银二十五万六千余两。荷蒙皇上天恩，准其每年交银二万两。奴才自四十六年起至本年，交过造办处广储司共银十四万两，其余十一万六千余两，理宜竭力凑缴，按限完纳。

## 李质颖认罚十万两，即刻获得粤海关监督的肥缺

以下续叙因凑措不及而请求宽限缴纳，从略。李质颖出身内务府汉军旗的“包衣下人”，于乾隆四十五年出任浙江巡抚，因失察杭嘉湖道王燧贪污渎职案免职，时在乾隆四十六年正月。但因李质颖自承有罪，情愿认罚“议罪银”十万两之故，在这年二月间就奉到谕旨说：“李质颖著加恩赏给奉宸苑卿衔，管理粤海关事务，即赴新任，不必来京请训”。事见《清高宗实录》卷一一二五。满清时代的粤海关监督，与盐政、织造等差俱是内务府人员所专利的“肥缺”，入息极为优厚。通常只须按政府规定缴足“额定关税”即可，此外的超额盈余，都是管关监督的应得“宦囊”。很多人一任下来，积赀一二百万银子是极平常的事，所以这差使较盐政、织造的入息更为优厚，乃是一等一的“美差”。李质颖在乾隆四十六年正月被革掉巡抚，只因他认罪愿罚“议罪银”十万两之故，即刻转祸为福，获得粤海关监督的一等肥缺，可见这十万两银子的功效实在宏大非凡。不仅如此，李质颖在粤海关监督任内还一再犯错，每一次出错之后，都可以藉同样的方法“议罪认罚”保住职位，因而使其议罪银达到二十五万六千余两的庞大数字，十分骇人听闻。乾隆时代的物价平稳，白米每石不过值银一两数钱而已，如以米价折算现在的新台币，一两银子足可值到新台币二千元，则十万两银子的币值就可相当于新台币二亿元。当巡抚每年的“养廉银”，即使十分优厚，也不过每年一万两银子而已。李质颖只当过一年巡抚，就要认罚十倍于此的“议罪银”来谋求获得更好的差使，表面上看起来是十分吃力的事，实际上则所得远过于所费。所以在当时不但李质颖乐于认罚巨款，其他类似之人亦无不如此，这其中所透露

的不寻常意义，正复耐人寻味。

见于军机处密记档中的认罪议罚银两残存案件，全部共计十八件，议罚数共银三百七十二万余两，全部案件，大致都与李质颖的情形差不多——在犯过获咎之后自请认罪议罚，最后都能获皇帝之允准。乾隆帝既然自称“英主”，为何又要收受这些犯过获咎者的认罪议罚银子，而不咎其既往，再给他们官做，好让他们再有犯罪的机会？这问题实在使人十分费解。胡思敬说：“凡奸臣善迎合者，多借言利以结主知。岁入有常经，不能过求于户部；民穷慮走险，不能苛责于闾阎，则报效之说以起。”当时的情形，是政府财政困难，而慈禧太后需要花费大笔银子来修造颐和园，于是方有聪明人设计出这种“阳藉海军为名，实用以给园工”的“报效”之法，借卖官得财以达到其敛钱之目的。乾隆朝并非衰世末季，何以亦会出现这种借认罪议罚以达到敛财目的之荒唐行为呢？这个问题，就很值得加以研究、检讨。

## 只有和珅有资格“创为理财节用之说”

乾隆虽称盛世，而耗财之事特多。十全武功与六次南巡，不但耗尽了国家的帑藏，亦使民间的元气大丧。即使如此，以乾隆帝的好大喜功及遇事铺张奢靡的作风，对于一切皇家庆典及宫廷耗费，仍旧不能凡事撙节，以求共度时艰。清政府自康熙以来即订有“不准加赋”的祖训，宫廷费用不敷，决不能借加派田赋之法来弥补。胡思敬所谓“岁入有常经，不能过求于户部”的情形，在乾隆末年亦有此事实困难。究竟要如何设法，方能解决眼前的困难问题，正是乾隆帝此时所感到的头痛问题。生当乾隆盛世的清代学者钱大昕目睹当时情形，曾在他所撰的《大学论》中说过这样的话，曰：

有小人者创为理财之说，谓可不加赋而足国用也。于是阳避加赋之名，阴行剥下之计。山海关市之利，笼于有司，日增月益，曰：吾取诸商贾，非取诸民也。……又创为节用之说，谓吏俸可减也。簿书期会之间，小有违失，可夺其俸以示儆也。大吏无以自给，则取诸小吏；小吏无以自给，则仍取诸民。虽不加赋，较之加赋殆有甚焉。

历代以来，只有清代有“不准加赋于民”的祖训，亦只有乾隆朝有重罚臣下以敛财进奉的稗政。所以，要说钱大昕的这一段议论不是在那里讥刺乾隆帝借认罪议罚以剥下奉上，几乎没有其他的解释。于是，我们乃可以明显地看得出来，在慈禧当政时固有“借言利以结主知”的“奸臣”，在乾隆朝亦有“创为理财节用之说”以献谀皇帝的“小人”。以政治地位与他和皇帝之间的关系而言，具备这些资格的“小人”只有一个——和珅。这一推测，有下列各项事实可以给予坚强的支持。

第一，认罪议罚制度创于乾隆四十五、六年，此时正是和珅由户部侍郎擢为尚书，直接参与国家财政大计的时候。

第二，由“密记档”的内容可知，这种不甚名誉光彩的认罪议罚银两完全由和珅及其死党福长安二人经管，他人并不预闻其事。

第三，乾隆帝自己就曾一再说过：“督抚坐拥厚廉，以其尸位素餐，故议罚充公之用，令其自出己赀，稍赎罪戾。”“督抚禄入丰腴，而所获之咎，尚非法所难宥，是以酌量示罚，以示薄惩。”这些似是而非，强词夺理的话，过去从来未见乾隆帝说过，而在和珅得宠之后忽然一再见诸乾隆帝谕旨之中，足见他是因为和珅的迎合而有此想法的。

## 逢迎工夫和“不加赋而足国用”的办法同样高明

和珅之得宠，除了俊雅的外貌与超人一等的逢迎工夫外，据说尚有一项不足为外人道的重要因素，即是他与乾隆帝之间存有某种不甚名誉的暧昧关系，语见《满清野史》。自古以来，只有这种“嬖幸”之人最能在皇帝面前发生言听计从的力量，如果他又能设计出这种“不加赋而足国用”的“高明”办法来为乾隆帝解决宫廷用度不足的困难，当然更能使乾隆帝乐于采纳其说。胡思敬论“报效”与“介绍”之间的关系曾说：“然交通关说，必得要人指引，取径而入。”借“报效”之名辇金宫廷，尚且少不掉居中介绍指引的关系，更何况借认罪之名自愿纳银赎罪，自然更需要有权威人士之缓颊说项。于是，和珅乃能在这种不公开的关系中扮演其举足轻重之角色。为了能够博得和珅之欢心，使其在乾隆帝面前为人尽“一言九鼎”的关说力量，和珅的行情势必节节高涨。于是，乾隆帝虽然在“认罪议罚事件”中得到三百七十多万两银子的进款，和珅所得到的好处，很可能十倍百倍于此数而不止。乾隆末年，和珅之所以能深得皇帝之倚信，并乘机搜刮到巨额的财富，这应当是最主要的原因。

这篇文章的简单推论是：乾隆末年，政府财政困难，宫廷用度方面的庞大需要无法得到满足。和珅乃向乾隆帝建议，藉借事重罚督抚大臣之法，可以达到不增加赋税而足用之目的。乾隆帝采信其说，又使和珅主管其事，于是和珅俨然成了皇帝的代理人，督抚大臣之祸福系于和珅之一言。和珅凭藉了这种关系肆其搜刮包庇之伎俩，当然可以积赀巨万，富可敌国。这种秘密内情过去从未公开，如今乃可由“密记档”的内容为我们提供解答。乾隆帝虽有英主之称，竟不免因和珅的货利所诱而受其利用，说起来太可笑了。

# 海盗蔡牵佚闻

清嘉庆初年，海盗蔡牵为患于东南沿海，且曾由鹿耳门登陆台南，僭号称王，意图效法郑成功的独立故事。所以他在台湾历史上也颇有赫赫之名。连雅堂所撰《台湾通史》卷三十二《海盗列传》，所叙几全为蔡牵故事。对于如此重要的一个历史人物，理应有各种资料充分记述其生平事迹，然而没有。推想其原因，当然因为蔡牵毕竟只是一个海盗首领，基于“成王败寇”的心理，无论是历史学家或文学家，大概都不愿费心去为一个盗贼首领作传记。于是，其生平事迹遂不免因文献无征之故而归于湮灭散佚，说起来诚然可惜之至。

《台北文物》第二卷第一期，曾经登载过一篇《张德宝与漳泉拼》的掌故文字，曾文欣撰。其中说到，张德宝在艋舺广有赀财，号称巨富，其赀产来源完全由于其父张秉鹏从事航海贸易的巨大利润。至于张秉鹏何以能在航海贸易中获致巨大的利润？则就与蔡牵大有关系。据说张秉鹏原籍泉州，起初在艋舺一家小商行里做小伙计，薪水极为微薄，由于勤奋努力而稍有积蓄，遂转业从事航海贸易，颇为成功。有一次他与同行的商船多艘由北方港口办货回台，不意在途中遭遇蔡牵帮海盗的拦截，而蔡牵自己所登抢的正是张秉鹏之船。张秉鹏一见海盗上船，骇得缩成一团，跪在神案前连连磕头。蔡牵以为张秉鹏是在欢迎他，传令勿加杀害，只将人货一并抢夺至盗船，并详细询问被掠诸人之身世来历，以便通知其家人备款前来赎取。蔡牵之妻子亦姓张，泉州人，听见张秉鹏自报乡贯，又见其相貌忠厚老实，不觉起了同情之心，遂认张秉鹏为其堂兄之子，彼此姑侄相称，并要求蔡牵释放其船货和人员。蔡牵真以为张秉鹏乃其妻之堂侄，不但将张秉鹏的人船货物一起释放，还给了张秉鹏一面黄旗，以免将来再遭盗劫。当时的东南沿海海盗，以蔡牵帮的势力最大，有他的旗帜保护，可永免盗劫之患。张秉鹏有了这一面黄旗子之后，不但自己的商船永免盗劫，并且可用来庇护同行的其他商船。因此之故，张秉鹏所经营的商号生意日盛一日，终于积赀巨万，成为艋舺一带的首富。这一则故事颇可作为蔡牵的遗闻佚事看待。所感到遗憾的是，关于蔡牵部分的记事内容太简略，以致无法使我们能增加一些对于蔡牵的认识，实在美中不足。

与此情形相类似的，见于清人许仲元所撰《三异笔谈》中的一则类似故事，关于蔡牵部分的记事内容，就丰富得多了。

《三异笔谈》卷一，有一则《吴婢念旧》的故事，与前述《张德宝与漳泉拼》的性质颇为近似，而关于蔡牵的记事内容则远为翔实，很可以供我们参考。

《吴婢念旧》的故事内容说，绍兴盐商汪家有婢女姓吴，性情婉顺，为汪母所钟爱。汪母老病将死，嘱二子善为遣送。其子仰体亲意，于办完其母丧事后，厚赀赠遣吴婢，并差老仆王某送之还家。吴婢之父母已卒，两兄无赖，既将吴婢携归之财物诓骗罄尽，又以二百金鬻之远方，久之遂无音讯。其后王仆因事赴闽，于乘海船在途中遭蔡牵帮海盗，被掠至海盗船上。忽有人呼之，曰："此非汪孺人家王伯乎"？王仆谛视，识为吴婢，亟呼救援。吴命船上人解王仆之缚，延之坐，告以别后始末。盖初被二兄所卖，后为"出海"以千金买之为妾，今遂为海盗首领之押寨夫人矣。"出海"为谁？即大名鼎鼎之蔡牵也；盗帮称之为"出海"，尊称也。不久，蔡牵率其妻并左右头目俱至，蔡牵夫妇着红色西洋呢制成之衣裤，蔡牵更以红呢作裹头，色甚鲜丽，惟均赤足不着鞋袜。吴婢谓王乃其旧主家之老仆，夙蒙其惠，今老且贫，无力措办赎金，乞释之归。蔡牵允诺，于赠金作路费之外，亦赠以盗旗一面，曰："持此归时，可免海上劫掠。"王仆归，告之婢女之二兄。其兄鬻妹之金已罄，正穷极无聊，闻讯大喜，竟来海上投奔，欲入蔡牵帮同作海盗。吴婢见之大骂，曰："如此无良心之人，不如杀却。"赖蔡牵为之求情，始怒斥之归，云云。

以《吴婢念旧》中的故事情节与张秉鹏海上遇蔡牵的故事相合看，二者颇为近似。旧时习俗，以为海上航行时不可有女眷同行，谓为不吉利。而由这二则故事看来，则蔡牵帮在海上纵横行劫之时，不但其妻子同在船上，并且携有一妾。至于海盗帮称首领为"出海"，以及蔡牵夫妇同着色彩鲜丽的红色西洋呢衣裤等等，则均未见于他书之记载，很可以作为海盗活动中的佚闻看待。

此外，署名"对山书屋"所撰的《墨余录》中，也有一则关于海盗蔡牵的记载，其内容乃是沿海奸民以何种巧妙掩饰之方法，将官方悬为严禁的火药偷运出海，以为接济盗帮之用，看来极富于趣味性。原文并不太长，改写或致影响其原来之文意，故为之引录如下：

> 嘉庆间，海盗蔡牵乘潮劫掠，延近内江，江浙各口巡防甚密。时邑有奸商为利所诱，每以食粮火药潜济牵，而诡计百出，缉捕无由。一日，

某行中发挑皮蛋数千，自浦下船。内有好饮担夫，息肩酒肆，拟以担中蛋下所沽。乃取一枚，去泥壳。不意内皆火药，偏验皆然。通市喧传，闻于巡道，即饬县严拿船户。刑讯之下，供与关书税行贿通，已贩数次矣。乃治船户罪，关书顾某及行伙徐某，立即收禁。后顾某费金钜万，徐刺目称废，始得并释。

当蔡牵帮的海盗在东南沿海一带纵横驰突之时，清政府一方面严饬浙闽水师极力攻剿，一方面又严饬两省地方大吏防范偷漏接济，以期早日扑灭。但攻剿既难旦夕收功，偷漏接济更防不胜防，以致蔡牵帮的盗船永远能有食米与火药的充分接济。读《清仁宗实录》中皇帝对浙闽二省疆吏之严厉上谕，总以为这是地方文武奉行政令不力所致；看了《墨余录》中的这一条记载方才知道，沿海奸民之所以敢于冒大不韪违禁接济海盗，除了重利诱惑之原因外，原来还偲有层出不穷而使官兵防不胜防的奸谋诡计在。这种不见于官书的上等资料，固然可以看出奸商的狡黠多智，亦可知道海盗帮藉以生存的条件实在十分困难。虽是掌故谈助，亦是研究历史问题的一项极好参考资料也。

# 道光帝得位秘辛

## 史传中尚有湮灭不尽的蛛丝马迹

专制时代，宫廷中的秘密最多，研究起来也最使人感到兴趣。只是因为宫禁事秘，很多事情都已在蓄意湮灭证据之情况下，永远成了不可知的秘密，终于使人只能存此悬揣，而无法窥知其中的真相；如雍正帝暴崩之秘，乾隆帝生母之秘，以及福康安封王原因之秘，均是。这里所要谈到的道光帝得位之秘，亦此之类。只因关于这一问题在史传中尚留有湮灭不尽的蛛丝马迹，因此还可以为我们留下一些窥探的门径。

道光帝，在清朝的历代皇帝中是一个颇为特殊的人物。他在早年时就曾以英武著称，及至继位为帝，却琐鄙无能，惟一的长处是节俭，节俭得舍不得穿新衣服，舍不得花钱从事必需的建设。此外，则他所最信任的宰辅大臣，只是专以将顺蒙蔽、容悦固宠的曹振镛、穆彰阿一流人物，终于使得在乾隆时就已渐呈败象的清朝政治，在道光一朝中更日益走向因循腐败的道路。可知道光之继立为帝，实在是清朝国运由盛而衰的一个重要关键。

假如清朝在嘉庆之后，不是由道光来继位为帝，清朝的国运，很可能不是我们所已经知道的那种情形。然则在嘉庆末年时，嘉庆帝是否亦曾考虑到他的继承人选问题，想另外安排一个更为适当的人来接替早年所秘密选立的道光帝呢？以现在所能看到的情形来说，似乎很有此一可能。

道光帝名绵宁，继位后改为旻宁，乃是清仁宗嘉庆帝的第二个儿子。嘉庆凡五子，长子穆郡王早殇，并未命名。次子即旻宁，孝淑皇后喜塔腊氏出。三子绵恺，四子绵忻，并孝和皇后钮祜禄氏出。五子绵愉，如贵妃出。清朝皇室通行“子以母贵”，就是说皇后生的儿子身分要高贵些。所以绵愉后来只能封郡王，而绵恺和绵忻封亲王；至于旻宁，在未继立为帝之前也是亲王。

旻宁的生母死于嘉庆二年，钮祜禄氏先由贵妃晋封皇贵妃，嘉庆六年立为皇后，道光帝即位后尊为皇太后，直到道光二十九年，方以七十四岁的高龄逝世。终嘉庆之世，正位中宫的一直是绵恺与绵忻二人的生母孝和皇后。这对于嘉庆帝的立嗣问题总会有某种程度的影响力，因为做皇后的母亲总希望能给自己的亲生儿子帮忙，绝不乐意眼睁睁地看着未来的皇位归别人的儿子所得。所以，若说当时的宫廷之中，不曾为未来的皇位继承问题有过勾心斗角的秘密争夺，应当是很不合情理的。

旻宁之得位，若以官修史书的说法，则在嘉庆四年时已经确定，到了嘉庆十八年教匪林清犯阙事件发生，由于旻宁的表现十分优越，他的继嗣权更有如磐石似的稳固不移。据《清史·宣宗本纪》所记，其情形如次：

> 乾隆五十六年八月，高宗行围威格逊尔，上引弓获鹿，高宗大喜，赐黄马褂花翎。嘉庆元年，娶孝穆成皇后。四年四月戊戌，仁宗遵建储家法，亲书上名，缄藏镯盒。十八年九月，从幸秋狝木兰，上先还京师，而教匪林清党犯阙之变作。是月戊寅，贼入内右门，至养心殿南，欲北窜。上御枪毙二贼，余贼溃散，乱始平。飞章上闻，仁宗欣慰，封上为

智亲王，号所御枪曰威烈。谕内阁曰：“忠孝兼备，岂容稍靳恩施？”二十五年秋七月，仁宗秋狝热河，上随扈。戊寅，仁宗不豫。己卯，大渐。御前大臣赛冲阿、索特纳木多布斋，军机大臣托津、戴均元、卢荫溥、文孚，总管内务府禧恩、和世泰，公启镭盒，宣示嘉庆四年御书，立上为皇太子。仁宗崩，即日奉大行皇帝梓宫回京。辛巳，尊母后为皇太后，晋封惇郡王绵恺为惇亲王，绵愉为惠郡王。癸未，奉皇太后懿旨：“大行皇帝龙驭上宾。皇次子智亲王仁孝聪睿，英武端醇，见随行在，自当上应付托，抚驭黎元。但恐仓卒之中，大行皇帝未及明谕，而皇次子秉性谦冲，予所深知。为降谕旨，传谕留京王大臣驰寄皇次子，即正尊位。”上奉懿旨，恭折覆奏，并将御前大臣等启镭盒所藏嘉庆四年四月立皇太子硃谕进呈。

据此云云，则道光帝之所以能在嘉庆帝崩驾之后继立为君，不但有嘉庆四年四月皇帝亲笔御书的立储朱谕可凭，更有皇太后的懿旨，合法合情，十分妥当。但这里也就存在了一点小问题，即是，按照雍正以来的立储规矩，立皇太子乃是一极端秘密之事。在位的皇帝一旦决定立某皇子为太子，一定预写谕旨两道，一道缄藏在乾清宫正大光明殿的匾后，另一道密封镭盒，随身携带。仁宗在热河驾崩，消息传到北京，孝和皇后尽可安心等候随扈的御前大臣及军机大臣人等开启镭盒，宣布皇帝立皇太子的诏书，以确定继位新君的人选，何须由她特别写此谕旨，命皇次子旻宁继立为君？这样的做法，很可能与镭盒所藏的立储谕旨内容冲突，万一情况果真如此，则孝和皇后的这一道懿旨，将会发生何种不良的后果？

揣测孝和皇后之所以要这样做，不外两种可能。第一，是孝和皇后当然知道，嘉庆帝当年曾经预写诏书，立旻宁为皇太子；第二，嘉庆帝当年虽然曾经立此谕旨，只是在事隔多年之后，皇帝的决心已经有了改变，不但藏于正大光明匾后的诏书已经撤出，藏于镭盒中的诏书恐怕亦很难寻到。衡诸当前情势，旻宁因随扈热河的便利，很可能已由御前大臣及军机大臣等人奉为新君，为了顺应时势，所以才寄此懿旨，以博取旻宁的好感。如其不然，她侭可以静候事态发展，或者等候在京王公大臣请取下正大光明匾后的预藏诏书，到时候自然知道大位谁属，又何必越位代庖，作此不相干的指示？亦正因为孝和皇后有此越位代庖的不相干指示，然后才能使我们察觉这其间所包含的不寻常意义。

关于前面所说，清代自雍正以来所传的立储家法，在乾隆帝钦定《古今储贰金鉴》一书的书前，载有乾隆四十八年九月三十日所颁的皇帝上谕，其中有详细说明云：

> 夫尧授舜，舜授禹，唐虞固公天下；即禹之传启，亦非子在位时有建立太子之事。三代以后，人心不古，秦汉预立太子，其后争夺废立，祸乱相寻，不可枚举。远而唐高祖立建成为太子，至于兄弟相残，建成被害；近而明神宗朝群臣奏请预立国本，纷纭扰乱，大率皆为后来希荣固宠之地。甚至宵小乘间伺衅，酿为乱阶。可知建储册立，非国家之福，召乱起衅，多由于此。即以我朝而论，皇祖时，理密亲王亦尝立为太子，且特选公正大臣如汤斌者为之辅导。乃既立之后，性情乖张，即汤斌亦不能有所匡救，群小复从而蛊惑，遂至屡生事端，上烦皇祖圣虑，终至废黜。皇祖有鉴于兹，自理密亲王既废，不复建储。迨我皇祖龙驭上宾，传位皇考，绍登大宝，十三年励精图治，中外肃清。皇考敬法前徽，虽不预立储位，而于宗祏大计，实早为筹定。雍正元年，即亲书朕名。缄藏于乾清宫正大光明匾内，又另书密封匣，常以随身。至雍正十三年八

> 月皇考升遐，朕同尔时大臣等敬谨启视传位于朕之御笔，复取出内府缄盒密记，核对吻合，人心翕然，此天下臣民所共知者也。朕登极之初，恪遵家法，以皇次子乃孝贤皇后所生嫡子，为人端重醇良，依皇考之例，曾书其名，藏于乾清宫正大光明匾额后。

由此可知，清朝的秘密立储之法，乃是创自雍正，而为乾隆、嘉庆等历朝皇帝一致奉行的“家法”，其特点颇有可称。由于此一立储之法乃是预定而未经宣布的，凡属皇帝之子，都有继立之望。但因继立之人选并未宣布，不但业经选定之人随时可以更改，即是未经入选之人，也很有可能在后来成为入选者。如此既可杜绝诸子之间的觊觎纷争，更因各人的入选机会大致平等之故，可以促使所有的皇子力争上游，无形中提高了皇子们品德与学业的水准，用意甚佳。

嘉庆帝既曾在缄藏鐍盒中预先留下立储的诏书，当然表示他遵守此一立储的家法。但问题也就出在这里：立储家法中规定，预立太子的诏书应有两份，一份随身携带而藏于锁闭严密的“鐍盒”之中，一份藏于乾清宫的正大光明匾后。嘉庆死后，“鐍盒”中的一份诏书是寻到了，乾清宫正大光明匾后的另一份诏书为何未见提及？如果藏于乾清宫正大光明匾后的另一份诏书并不存在，那就表示，被发现的那一份藏于鐍盒的立储诏书，也不无问题。

## 宣宗继立之事，本纪所记含混不清

根据前引《清史·宣宗本纪》所说，当嘉庆二十五年七月戊寅仁宗在热河避暑山庄得病将死，御前大臣赛冲阿等，军机大臣托津等会同内务府总管禧恩等人，“公启鐍盒，宣示嘉庆四年御书，立上为皇太子”。据此云云，似乎在嘉庆临终之前，此一内藏立储诏书的鐍盒就已由皇帝交付予随侍在侧的赛冲阿、托津等人，然后由他们公同开启，看明诏书内容是以旻宁为皇太子，然后方能确定旻宁的继位资格的。但如以《清史》戴均元、托津等人的传记看来，《宣宗本纪》的记述显有含混不清而存心隐瞒的事实。《戴均元传》云：

二十五年七月，从扈热河，甫驻跸，帝不豫。翛夕，大渐。均元与大学士托津督内侍检御箧，得小金盒，启鐍，宣示御书，立宣宗为皇太子，奉嗣尊位。

又《清史·托津传》云：

二十五年，仁宗崩于热河避暑山庄。事出仓猝，托津偕大学士戴均元手启宝盒，奉宣宗即位。

戴均元与托津，都是以大学士而兼军机大臣的重臣。照这两人的传记所说，此一内藏立储诏书的鐍盒，并非在仁宗崩驾之前由嘉庆手授御前大臣赛冲阿，及军机大臣托津等公同启视，而是在皇帝死了之后，仓猝之中四处寻觅，最后方在"御箧"中寻得的。这种情形，与《清史·宣宗本纪》所说的已经颇有距离，若以其他方面的记载看来，史书中所隐讳的事实，尚不止此。清人包世臣所撰的《戴均元墓志铭》，记其事如此：

庚辰七月，公偕满相托文恪公扈滦阳园。圣躬遽有疾不豫，变出仓猝，从官多皇遽失措。公与文恪督内臣检御箧十数，最后近侍于身间出小金盒，锁固无论。文恪拧金锁发盒，得宝书，公即偕文恪奉今上即大位，率文武随瑞邸成礼。乃发丧，中外晏然。

上文所说的"托文恪公"，即托津，"瑞邸"，则是瑞亲王绵忻。由上面这段文字可以知道，所谓内藏立储密谕的小金盒，当时既不是嘉庆帝所随身携带，也未被稳妥严密的收藏在皇帝的行箧之中，而只是由一名小太监随随便便的揣在身上，在戴均元、托津二人督同皇帝近侍大索不得的情形下，这名小太监想起了身上还有这个小金盒，将它取出奉上，然后方寻得这份重要无比的立储诏书。由这种情形可以知道，嘉庆帝对于这一份重要的立储诏书，似乎并未十分重视。

雍正帝当年创立此一秘密立储的“家法”，目的本在杜绝诸王竞立的觊觎纷争，所以虽然预先立下传位的诏谕。却要出以极端秘密的行动，藏于极为隐密安全的地方，如此方能达到绝对安全的保密要求。以嘉庆帝对待此一立储诏谕的态度看，显然极为反常。他既未将内藏立储谕旨的小金盒严密收贮，更未在乾清宫正大光明匾后另外收藏一份，万一这个身藏鐍盒的小太监被某一个怀有野心的皇子所买，以假造谕旨的手法来一个偷龙换凤之计，那岂不就是当年雍正帝夺位故事的重演，而所谓秘密立储也者，也只是毫无意义的表面文章么？嘉庆帝对此事的态度如此，那就不免使人怀疑，他的这种举措，是否别有用心？

## 预写之立储诏书并非不可改变

按照乾隆帝写在《古今储贰金鉴》前面的那道谕旨内容看，他在乾隆四十八年九月写下此一谕旨之前，曾经一再将藏于正大光明匾后的密旨内容加以改变。因为他在乾隆元年预立皇次子永琏为太子后，隔了两年，永琏就短命而死，乾隆帝不得不吩咐大学士鄂尔泰、张廷玉，将藏于正大光明匾后的密旨撤出，以便另作安排。其后他又曾打算以永琏之同母弟永琮为太子，不料永琮的寿命更短，只活到两岁，便因出痘而死。他第三次所属意的，乃是皇五子永琪，只是他亦在乾隆三十一年夭折，然后才立了皇十五子永琰，也就是后来的嘉庆帝。

乾隆帝因永琏死亡而撤出原藏于正大光明匾后的立储诏书，曾见于前述的乾隆帝上谕；至于选立永琮、永琪时是否亦曾预写诏书，以及在他们死后又复撤出的问题，因未见有明文记载，不便揣测。不过，由永琏的事例亦可知道，立储诏书虽经写定，并非不可变更，如其不然，就失去了秘密立储所有的选择之利了。

嘉庆帝在即位之后的第四年就预立道光为太子，由此时直到嘉庆帝崩驾于热河避暑山庄，中间相隔有二十一年之久。在二十一年之间，可以发生许多事情，未尝不足以转变嘉庆帝对旻宁的观感。而旻宁出生于乾隆四十七年，他在嘉庆四年被预立为皇太子时虽然只有十八岁，到了嘉庆二十五年时亦已有三十九岁。随着岁月的加增，嘉庆帝到了后来，也未尝不可能考虑到旻宁继位为帝之时，是不是会年纪太大？凡此种种，都可能影响到旻宁当时的储位资格。然则嘉庆帝在后来之所以会不重视此一立储谕旨，正未尝不是有其原因的。

嘉庆帝即位为皇帝时，年三十六岁，他的父亲乾隆帝则做了六十一年的皇帝，活到八十九岁。再往上看，康熙帝在位六十年，享寿六十有八。即使说雍正帝只做了十三年的皇帝，可是他也活到五十八岁。由此看来，清朝早期的历代皇帝，大致都健康而高寿，所以嘉庆帝也应该不例外。嘉庆帝之死，据其遗诏内容看，是由于中暑发病，因年事已高而猝然转剧，终致不救，死时享年六十一岁。遗诏中说：“朕体素壮，未尝疾病，虽年逾六旬，登陟川原，不觉其劳。”准此而言，嘉庆帝在没有发生这次突然变故之前。似乎根本不曾想到自己会在刚过六十之年遽尔崩逝。如此我们可以猜想，他大概曾经估计自己最少可以活到七十岁。嘉庆帝七十岁，旻宁已经有四十八岁了。四十八岁的皇太子，即位之后还能再做几年皇帝？这问题想必一定是嘉庆帝所曾想到过的。果尔，则藏在正大光明匾后的那份立储密诏之所以不见，就与此大有关系。

## 道光即位后绵恺屡遭轻罪重罚

假使嘉庆帝果真曾因旻宁的年龄问题而考虑易储，希望比较少的，应是皇五子绵愉。这有两个原因，一是他的生母如妃钮祜禄氏的身份不够，二是他本人只是谨愿忠厚的老实人，其才具不胜。将绵愉除去不算，皇三子绵恺与皇四子绵忻都是皇后钮祜禄氏所生，皇后能干而又有能力可以照顾自己的儿子，绵恺与绵忻便有可能取代旻宁的地位。更何况绵恺亦曾在林清之变时与旻宁同时建功，而绵忻又在嘉庆二十四年时封为亲王，声望相近而名位相埒，更应是嘉庆帝所视为理想的人选。在这种情况之下，年轻而才具优良的皇子，最有希望入选。虽然我们现在已经无法知道谁是嘉庆心目中的理想之人，但必定应为绵恺或绵忻二者之一，则大致不错。

以绵恺与绵忻二人的年龄来说，绵恺出生于乾隆六十年之六月廿二日，绵忻出生于嘉庆十年之二月初九日，两人相差十岁。算到嘉庆廿四年两人开府封王的时候，绵恺二十四岁而绵忻十四岁，绵恺当然是很理想的人选。但如我们将着眼点移后到嘉庆帝可能活到七十岁的时候，到那时绵恺将是卅四岁而绵忻廿四岁，两个人都很理想。绵忻在嘉庆二十四年时，以十四岁的稚童而遽封为亲王，绵恺虽与绵忻同母而年长十岁，当时却只能封为郡王，其中的原因为何？十分值得推敲。不过，到了嘉庆二十五年仁宗遽崩，而旻宁嗣立为帝之后，最被皇帝老哥频数责惩的，却是绵恺而非绵忻，其中道理，更费猜测。

《清史·诸王传》第七，《惇恪亲王绵恺传》云：

> 惇恪亲王绵恺，仁宗第三子。嘉庆十八年林清变起，绵恺随宣宗捕贼苍震门，得旨褒嘉。二十四年，封惇郡王。宣宗即位，进亲王，子奕缵封不入八分公。道光三年正月，命绵恺内廷行走。旋以福晋乘轿迳入宣武门，坐罢，罚王俸五年。上奉太后幸绵恺第，仍命内廷行走，减罚王俸三年。七年，坐太监张明德私相往来，复匿太监苑长青，降郡王。八年十月，追叙苍震门捕贼急难御侮，复亲王，谕加意检束。十三年五月，绵恺以议皇后丧礼，引书“百姓如丧考妣，四海遏密八音”，于义未协，退出内廷，罚王俸十年。十八年五月，民妇穆氏诉，其夫穆齐贤为绵恺所囚，命定郡王载铨按实，复降郡王，罢一切职任。十二月薨，复亲王。上亲临奠，谥曰恪。

由上文可知，从道光帝即位以至绵恺身死的十八年间，绵恺先后共计受到四次很重的处罚，两次降为郡王，两次退出内廷，一次罚俸五年，一次罚俸十年，究其实际，则每次所坐的罪名都不重，尤其以议皇后丧礼不合的那一次更使人觉得有“欲加之罪，何患无辞”的味道。轻罪重罚而又屡罚不已，其作用究竟如何，正可耐人寻味。按，《清宫词》中有如下一条记载，说：

> 孝全皇后由皇贵妃摄六宫事，旋正中宫，数年暴崩，事多隐秘。其时孝和皇后尚在，家法森严，宣宗亦不敢违命也，故特谥之曰“全”。宣宗既痛孝全之逝，遂不立他妃嫔之子而立文宗，以其为孝全所出，且于诸子中年齿较长。

据野史相传，孝全之死，实因不堪皇太后之凌逼；此皇太后，即是上文所说的“孝和皇后”，亦即是绵恺与绵忻之生母，道光帝所尊奉为“母后皇太后”的钮祜禄氏。

钮祜禄氏以皇太后的身份凌驾帝后，假若没有其他因素，彼此之间理应和睦相处。绵忻死于道光八年，到了道光十八年，绵恺又相继死亡。道光二十年就出现皇太后凌逼皇后，以致皇后自杀的重大变故，这些事件难道彼此全无关联性？孝和皇太后并非道光的亲生母亲，绵恺之死，明显的看得出来是道光帝在滥用皇帝的权力罗织吹求，以致绵恺一再因轻罪而受重罚，纵使他不是因此而死，事后追想起来，总不免使孝和太后因此而生怨怼之心，愤恨道光帝对待自己的异母弟太绝情寡恩。所谓“你既无情，我亦可以无义”，一旦孝和太后要以婆婆的身份对皇后寻瘢索疵，皇后亦会因此而无法忍受。孝全皇后之死，其原因或者在此。至于道光帝何以要对绵恺吹求不已，毫不顾念绵恺是否能够忍受，当然与皇位继承问题脱不了关系。《清史·禧恩传》：

> （嘉庆）二十五年，仁宗崩于热河避暑山庄。事出仓猝，禧恩以内廷扈从建议，宣宗有定乱勋，当继位。枢臣托津、戴均元等犹豫，禧恩抗论，众不能夺。会得秘匮硃谕，乃偕诸臣奉宣宗即位。

## 嘉庆帝暴崩后热河行宫曾有政争

据此所云，原来在嘉庆帝暴崩，而立储密诏在仓猝之间未能寻得的时间内，热河行宫中还有内务府大臣禧恩主张援立旻宁，而为军机大臣托津、戴均元所反对的一幕！难怪禧恩会在道光即位之后大走鸿运，而托津和戴均元等人要大倒其霉，其真正原因全在这里！禧恩主张援立旻宁，当然是政治投机，押准了就是一本万利。托津和戴均元反对，固然可以说是慎重，但也未尝不可能是他们早就看出仁宗有易储之意向，在立储密诏未寻得之前，不敢冒昧从事。假如寻出来的立储密诏上的名字是绵恺或绵忻，而旻宁却已被捧上了台，这将如何以处？大臣谋国，当一本公忠之诚，不可以像禧恩那样轻率鲁莽。而亦就由于这一念之忠，他们的政治前途就此葬送，道光朝的政局亦就更加衰败。历史变化常常因某一些重要人物的恩怨而来，这也是很明显的一桩实例。

禧恩主张，既然寻不到立储密诏，就请旻宁即位好了，反正他是居长的皇子又曾有功于社稷，哪一项条件都对他有利。这种主张当然使旻宁十分高兴。是不是他当时也有此预感，认为立储密诏既然寻不到，他的皇位继承资格并不十分可靠，先做了事实上的皇帝总是绝对有利的。假如旻宁果真有此想法，嘉庆帝曾有易储计划的事，便更加有可能了。究竟嘉庆帝当时是否有此计划，以及为何并未付之实施？这问题且留到后面再谈；现在所要谈的，是当时那班军机大臣的后来遭遇。

在嘉庆末年，军机大臣的中心人物是戴均元，同时在职的则是托津、卢荫溥与文孚。这几个人在道光帝即位以后的遭遇，本传中都有记载。

《清史·戴均元传》云：

> 洎还京，因撰拟遗诏，有高宗降生于避暑山庄之语，误引御制诗注，枢臣皆被谴镌级，均元与托津并罢直。

又《清史·托津传》：

> 寻因遗诏引事舛误，诏切责，津、均元并以年老罢军机大臣，降四级留任。

又《清史·卢荫溥传》：

是年秋，帝崩，因撰拟遗诏不慎，降五级留任。

在禧恩提出以道光为帝之议时，托津与戴均元反对，卢荫溥与文孚未表示意见，所以后来是托津与戴均元退出军机，而卢荫溥、文孚降级留任；至于主张援立道光的禧恩，则其后来遭遇适与此相反。《清史·禧恩传》：

宣宗即位，命在御前大臣领侍卫大臣上行走。道光二年，擢理藩院尚书。寻调工部，仍兼署理藩院尚书。六年，调户部。八年，加太子少保，署吏部尚书。九年，随扈盛京，赐禧恩双眼花翎。十二年，湖南江华猺赵金龙作乱，命禧恩偕盛京将军瑚松额督师。广东猺匪赵仔青窜入湖南，率提督余步云，总兵曾胜追剿之。而两广总督李鸿宾剿连山猺阅半年，军屡挫，诏逮鸿宾，以禧恩署总督，由湖南进兵。甫一月，诸猺乞降，诏嘉其奏功迅速，赐三眼花翎，封不入八分辅国公。班师途次丁母忧，温谕慰之。十三年，孝慎皇后薨，坐议礼征引违制，褫御前大臣，户部尚书，内务府大臣。寻复授理藩院尚书。十四年，加太子太保，调兵部尚书，兼署礼部、户部。

看禧恩从道光帝即位以来十四年中的遭际，真可以说得上宠信有加而恩遇稠叠，若不是禧恩自己不争气，因贪污无能，废弛职务，又复凌轹同僚，人人侧目，以致道光帝对他失掉信心的话，很可能长承恩眷，永保富贵。所以他后来之数遭罢谴，实在是咎由自取，与皇帝对他的态度无关。

托津、戴均元与禧恩的遭遇如此荣枯悬殊，自然反映出了道光帝对继立问题的恩怨报复。《清史·戴均元、托津传》后的赞语就说：

仁宗综核名实，枢臣中戴衢亨最被信用，衢亨亦竭诚赞襄，时号贤相。晚遭弹劾，而睠注不移。均元继之，卒以顾命嫌疑，不安于位，岂盈满之不易居耶？

这一段话明白指出，戴均元与托津之被逐出军机，是由于道光帝因顾命嫌疑而修怨报复，然则所谓撰遗诏错误云云，分明只是一种藉口了。

## 因顾命嫌疑而生之修怨报复

遗诏文字究竟如何错误？《清宣宗实录》记之甚详。《实录》卷四，嘉庆二十五年九月庚申，记云：

谕内阁：七月二十五日恸遭皇考大行皇帝大故，彼时军机大臣敬拟遗诏，朕在谅暗之中，哀恸迫切，未经看出错误之处，朕亦未能辞咎。但思军机大臣多年承旨，所拟自不致有误。及昨内阁缮呈遗诏副本，以备宫中时阅，朕恭读之下，末有皇祖降生避暑山庄之语，因请皇祖实录跪读，始知皇祖于康熙辛卯八月十三日子时诞生雍和宫邸。复遍阅皇祖御制诗集，凡言降生于雍和宫者，三见集中。因命大学士曹振镛，尚书伯麟、英和、黄钺，传旨令军机大臣明白回奏。据称：恭查大行皇帝御制诗初集第十四卷，"万寿圣节率王公大臣行庆贺礼恭纪"诗注恭载，高宗纯皇帝以辛卯岁诞生于山庄都福之庭。又第六卷，"万寿圣节率王公大臣行庆贺礼恭纪"，诗注相同。至实录未能恭阅，不能深悉，等语。朕敬绎皇考诗内语意，系泛指山庄为都福之庭，并无诞降山庄之句，当系拟注臣工误会诗意。兹据军机大臣称，实录未经恭阅，尚属有辞，至皇祖御制诗集久经颁行天下，不得诿为未读，实属巧辩。除托津、戴均元俱已年老，毋庸在军机处行走，并不必恭理丧仪，与卢荫溥、文孚一并交部严加议处。卢荫溥、文孚年力尚强，与托津、戴均元行走班次在前者有间，仍留军机大臣。遗诏布告天下，为万世征信，岂容稍有舛错？故不得不将原委明白宣示中外。著将此旨通谕知之。

这一道谕旨，以托津、戴均元所撰仁宗遗诏，不应误指乾隆帝系诞生于热河避暑山庄为辞，将托津、戴均元逐出军机之外，仍交部严加议处。结果是降四级留任。

按，清代的军机大臣乃是兼职，其本职乃是大学士、尚书、侍郎之类。戴均元的本职是文渊阁大学士，托津则是东阁大学士，革退军机大臣之后，只剩下大学士本职，还须兼带降四级留任的处分，颜面上是十分难看的。至于谕旨中所执以为辞的乾隆帝出生问题，本来只是一项藉口而已。因为乾隆帝本是热河行宫的一名宫女所生，其降生地在行宫北面雍亲王府邸中的一所草房，其遗址迄今尚在，亦为当时一般臣民所普遍知悉，岂能一手掩尽天下人之耳目？道光帝之所以要这样说，显然是因嘉庆帝暴崩时托津与戴均元二人不肯即时表示拥戴，所以借此修怨报复，以便将二人逐出军机，如此而已。至于挑起这一衅端的，则分明另有其人。其人为谁？盖即道光元年至十四年执掌朝政大权的首席军机大臣曹振镛是已。

《清史·曹振镛传》：

二十五年，仁宗崩，枢臣撰遗诏，称高宗诞生于避暑山庄。编修刘凤诰知其误，告振镛，振镛召对陈之。宣宗怒，罢枢臣，寻命振镛为军机大臣。

所谓“编修刘凤诰知其误”，意思是说，乾隆帝诞生于热河避暑山庄的问题，在清皇室而言，始终是不肯承认的一件丑事，绝对不可以载之于官文书，布告天下。曹振镛以此奏陈皇帝，旧仇新恨一起发作，戴均元和托津的军机宝座终于不保，而曹振镛取代其位矣。曹振镛为什么要在此时肆其挑拨中伤之伎俩，显然这也是一场权力斗争。

## 权力斗争将曹振镛送上首席军机大臣宝座

在明朝时，内阁大学士掌国家之政本，所以当时称入阁为拜相，而内阁辅臣中的“首辅”，权力和地位尤其尊崇。嘉靖、万历时的夏言、严嵩、徐阶、张居正，都是以内阁首辅而掌握政权，其职权有如唐宋时的宰相。入清以后，雍正帝另外在大学士中挑选某几个人组织了一个“办理军机处”，把原属内阁的大权都教军机大臣去承担了。从此以后，大学士而不兼军机大臣的，就不是真宰相，以其位虽尊而无实权也。

曹振镛、托津和戴均元都是内阁大学士，但托津和戴均元入军机，而曹振镛未入军机。论科名，论行辈，曹振镛以嘉庆十八年入阁的大学士，反而落在二十三年才做大学士的戴均元之后，无论如何是很难服气的。做官的人最重视的是权力，有权有势，然后才被人看得起，所以未入军机的大学士总希望能当军机大臣，权位并尊，然后方能使大丈夫志得意满。

曹振镛在嘉庆朝始终入不了军机，总是在才具品德方面有其缺点，否则应当没有理由不被嘉庆帝所看中。但即使如此，曹振镛自己总不能甘心永远默默无闻。恰好在嘉庆帝崩驾之后，继立的皇帝对老的一班军机大臣心存怨恨，有意报复，而刘凤诰所指出来的遗诏内容错误，恰好提供了这样一个机会。于是他乘机向道光皇帝进言，而戴均元和托津果然垮台了。

戴均元和托津垮台之后，皇帝需要遴选他所认为忠信可靠之人，曹振镛所表现的忠忱，又恰好适合此一条件，于是曹振镛顺理成章地代替了戴均元的领军机地位。从此以后，清朝的政治情况完全改观，嘉庆帝、戴均元的君臣相契，变成了道光帝和曹振镛的臭味相投，道光一朝的隆替兴衰，在这里已经画出了具体的轮廓。

曹振镛是安徽歙县人，故尚书曹文埴之子。乾隆四十六年成进士，点翰林。大考成绩三等，居然也能比照二等，由翰林院编修擢侍讲，所得到的完全是皇帝对曹文埴的眷恋之情。从此一帆风顺，无灾无难地作到了内阁大学士。

论资质，曹振镛并非有担当有作为的政治人才。他最大的本领，是善于窥伺人主意旨，而在不知不觉间转移其喜怒。从前严嵩作宰相，居然能应付那个喜怒无常而恩威不测的嘉靖帝，便是因为有此一套本领。现在曹振镛也以这一套本领来作道光帝的辅弼之臣，而道光帝居然十分欣赏，就可知道这一对君臣能够把国家弄到什么模样。李岳瑞所撰的《春冰室野乘》，曾有一段文字专论此事，云：

> 宣宗成皇帝在位三十年，衣非三浣弗易，宫中用款，岁不逾二十万，内务府堂司官皆贫困欲死，其俭德实三代后一人，汉之文帝，宋之仁宗，莫能及也。然而三十年中，吏治日偷，民生日困，势穷事亟，酿成兵祸，外扰海疆，内兴赭寇，遂以开千古未有之变局，所谓上有尧舜之君而下皆共鲧之佐者，真道光朝之谓矣。夫以宣庙之圣明，何致不知吏治之偷，民生之困？所以然者，由言路之壅蔽致之；而言路之所由壅蔽，则皆歙县一人之力耳。

# 曹振镛便捷巧佞，实为道光之罪人

此所谓“歙县”，即指曹振镛。明清两朝的政治习惯，好以宰相原籍的地名作为宰相的代名，如张居正称为江陵，严嵩称为分宜，张之洞称为南皮，翁同龢称为常熟，等都是。曹振镛原籍安徽歙县，称歙县就是指曹振镛。曹振镛何以会成为道光一朝之罪人？则《春冰室野乘》中尚有说明，云：

上晚年颇倦勤，而一时言官多好毛举细故，相率为浮滥冗琐之文以塞责。上初犹勉强接纳，久益厌之，欲惩戒一二以警其余，则又恐言路为沮格。……歙县以汉首相直军机，上一日从容语及之，歙县因造膝密陈曰：“是无难，凡言官所上章疏，无问所言何事，但摘出一二破体疑误之字，交部察议，惩戒一二人，言者必骇服圣衷之周密，虽一二笔误犹不肯轻易放过，况其有关系之大者？嗣后自不敢妄逞笔锋，轻上封事矣。在上无拒谏之名，而可以杜妄言者之口，计无便于此者。”上闻奏大喜，如其所言。未几，言官相戒以言事为厉禁，而科道两署七、八十人，皆仗马寒蝉矣。歙县之巧伺人主意旨，借公论以逞私意者，率皆此类。上天性仁厚，以其外貌之忠谨也，绝不之疑，虽有言其奸者，亦不肯信。及其殁也，犹痛惜之，赐卹恩旨，有“献可替否而人不知”之语，盖其所以固宠者深矣。嘉庆以前，殿廷考试，大臣奉派阅卷，皆先文词而后书法，未有摘一二破体字而抑高文于劣等者。至歙县始用此术衡文，不但文词之工拙在所不计，即书法之优劣亦不关重要，但通体圆整，无一点画讹错，即可登上第。盖当时承乾嘉考证学派之余波，士子为文，皆以博奥典实相尚，歙县素不学，试卷稍古雅者，皆不得其解，故深恶而痛绝之。后来主文衡者，乐其简易，相率效尤，于是文体颓而学术因之不振矣。道咸两朝，功令文字最为卑陋，皆歙县一人启之也。

曹振镛的学问识见，卑陋如此，而其人品又属便捷巧佞一流，宜乎他在嘉庆一朝不能担当实际政柄，而道光帝不但拔擢之而更倚信有加，具征其才识远不及其父嘉庆帝。这是否亦足以使嘉庆帝有所警惕而生易储之想？事实很难说。但易储之事在当时既极有可能，这一因素当然亦应在考虑之列。不过，道光帝重用曹振镛的结果，实在太不好。朱克敬《暝庵杂识》中有一条说：

曹文正公晚年恩遇益隆，身名俱泰。门生某请其故，曹曰："无他，但多磕头，少说话耳。"道光以来，世风柔靡，实本于此。近更加浮滑，稍质直，即不容矣。有无名子赋《一剪梅》云："仕途钻刺要精工，京信常通，炭敬常丰。莫谈时事逞英雄，一味圆融，一味谦恭。其二云：大臣经济在从容，莫显精忠，莫说奇功。万般人事在朦胧，议也无庸，驳也无庸。其三云：八方无事庆年丰，国运方隆，官运方通。大家赞襄要和衷，好也弥缝，歹也弥缝。其四云：无灾无难到三公，妻受荣封，子荫郎中，流芳身后更无穷，不谥文忠，也谥文恭。"

曹文正即曹振镛，"文正"是其死后之谥法。这段文字后面所附的四首《一剪梅》，把曹振镛所倡导的柔靡容悦之政风，挖苦形容得实在太惨。这种政风使官场中充满了"和稀泥"主义，万事但求得过且过，以不出大纰漏为原则。于是人人都以苟且敷衍而钻营奔走为能事，国计民生，何堪闻问。

然而，曹振镛的这套作法，以之对付道光帝，可以证明其十分成功。因为他在嘉庆二十五年九月取代戴均元为军机首席之后，在这个宝座上一直坐到道光十五年的正月，安享尊荣，而且充分得到皇帝的宠信。清朝自有军机处以来。没有哪一个首席军机大臣更能像他那样地长时期得到皇帝的倚畀。曹振镛的官运亨通，事实上等于是道光帝的治国失败。由此可知，道光帝不但昧于治道，更暗于知人，他父亲当年如果确实曾经考虑易储，正可证明乃是绝对正确的判断！

## 三点证据证明嘉庆帝曾有易储之意

谈到这里，我们应该可从道光帝得位的经过情形，约略窥测出其中的若干秘辛。那就是说，嘉庆在热河避暑山庄得病暴崩之时，道光帝的继嗣资格本来已经有了问题。只因嘉庆帝当年虽有易储之意，尚未对易储问题办妥应有的手续，以致在新诏未立而旧诏仍应有效的情况下，让道光帝得到继承大统的权利。我们之作此看法，可以举出如下几点证据：

一、立储的密诏共有两道，一道锁藏于皇帝随身携带的小金盒，一道安放于乾清宫正大光明匾后。嘉庆帝崩驾之后，只从小太监身上寻得这一内贮立储密诏的“鐍盒”，而乾清宫正大光明匾后的密诏从未见有人提及，足见这一关系重要的诏书早已在嘉庆帝生前就撤出了。如果这一诏书尚在，为什么在道光帝即位之后，不将它从正大光明匾后取出来，与出自“鐍盒”的密诏相核对，藉以翕服天下臣民之心理？

二、嘉庆帝在热河行宫暴崩的消息传到北京，孝和皇后的第一个反应，竟然是预知立储密诏难寻，而以懿旨命旻宁继承帝位。孝和皇后何以预知密诏难寻？乾清宫正大光明匾后不是就有照例应存的一道在吗？假如她在此时召集留京王公大臣共同取下乾清宫正大光明匾后的密诏，公开宣示于王公大臣之前，继嗣资格岂不一言而决？史书不记此事，应有两种可能：一是孝和皇后曾经如此做了，而正大光明匾后竟无此应有之密诏，所以才不得不以懿旨命旻宁继位；二是她早知此诏已由嘉庆帝下令撤出，不必再作此无必要之寻觅。后一种可能更可证明，嘉庆帝如有易储之打算，必定与孝和皇后的两个儿子有关。

三、由道光帝即位以后，对军机大臣戴均元、托津，及内务府大臣禧恩等人的爱憎态度十分明显，对异母弟绵恺的修怨亦十分露骨，更可看出宫廷中的明争暗斗，而道光帝的继立资格，实在很勉强而侥幸。

# 清宣宗俭德有亏

清朝的宣宗道光帝，在历史上以“俭德”著闻。据野史所记，这位皇帝在位三十年之中“衣非三浣不易。宫中用款，岁不逾二十万，内务府堂司各官，皆有‘臣朔饥欲死’状。颂之者至谓，其俭德实三代下第一人，虽汉文帝宋仁宗亦不能及。”贵为皇帝，而能以节俭为天下倡，对于社会风气及实际政治理应都有良好的影响。然而事实似不尽然。

当道光帝在位之时，清朝的国势已衰象毕现，内忧外患亦更迭而来，传到他儿子咸丰帝继位以后，清朝几乎亡国。假如道光帝果真是忧国忧时而俭德足称的皇帝，理应不会有这样的结果。然则究竟是他的统治能力有问题？还是他实在缺乏知人知事之明，完全只是一个庸黯糊涂的“不了汉”？其中道理，实在令人费解。幸亏清朝人所留下的著作中，还有一些遗闻佚事，可以透露若干消息。

赵烈文所撰的《能静居日记》，同治元年五月三十日之记事中，录有张寅所告诉他的一些掌故。其中说到，道光初年曾任协办大学士兼户部尚书的英和，其所以在后来会被革职下狱，完全是因为英和守正不阿，得罪了当时最得道光帝宠爱的全贵妃之故。张寅当时乃户部司官，对其中因果十分了解，所以能将始末详情完全告知赵烈文。《能静居日记》所记的日记原文如下：

宣庙初，英以大学士兼内务府。时全妃有盛宠，内旨令造绣花亵衣。僚属白“行文织造”，英改用函信，曰：“此事胡可见之公牍?”继又立索旗鞋合用马镫。英以“向无此器”沮其事。妃故已怒之矣。一日者，宣庙召见，语政务毕，命查各库，觅碧砑啱可制手钏者。既出，遍查所有，皆无此大料；独一蟠桃，径五六寸，为高庙八十万寿广督某所进，价且不赀。既覆奏，上命改造。英曰：“此先帝瑞器，不可为玩亵之物。且破大作小，可惜。”上默然不应，事遂寝。而妃闻大怒，上亦浸疏之矣。宗室禧恩、敬征、耆英者三人，为死党，欲去英而夺其内务府大臣之缺，且迎合上意，遂摭其过以奏，奉旨降理藩院尚书，差使尽撤。攻之者不已，又革职下刑部监。

英和，字煦斋，满洲正白旗人。出身翰林，长于文学，尤其通达政体，有守有为，乃是道光朝宰辅中难得的才德兼优之人，然而却因不能将顺道光意旨，并且得罪了最为皇帝宠爱的贵妃之故，而落得一个革职下狱的结果，实在不幸之至。粗看这一段记事，还不十分容易了解其中之内在涵义；因为许多人都不知道“碧砑珁”是什么东西？其价值又当几何？如果能知道这东西的真正身价，对于英和之得罪原因，以及道光之为人，或许就会有新的评价了。

所谓“碧砑珁”，究竟是什么东西？满人福格所撰的《听雨丛谈》中有一段话谈到此物，可以参看。原书说：

碧砑玺，又名碧鸦啱，皆西域方言，用汉字谐音书之，故无定字。质似水晶而腴，其价加乎水晶百倍，佳者重一两可值银二百两。有红黄紫三种。红者色如桃花，透明可见掌纹。紫者如玫瑰，黄者如秋葵，明皆如之。按《辍耕录》载，西域回回石头，种类不一。大德中，本土巨商卖“红刺”一块，重一两三钱，估值中统钞一十四万锭，用嵌帽顶上。自后累代皇帝相承宝重，凡正旦及天寿节大朝贺时则服用之。其胪列石名数种。一曰“刺”，注云：“淡红色娇”。一名“避者达”，注云：“深红色，石薄方娇”。一曰“昔刺尼”，注云：“黑红色”。一曰“古木兰”，注云：“红带黑黄，不正之色，块虽大，石至低者也。”按此数说，颇似今之碧砑玺也。今时宝石中又有“祖母绿”一种，亦碧鸦玺之类，透明似玻璃，其价十倍于碧鸦玺。余考《辍耕录》所载，亦有三种。一曰：“肋把避”，注云：“上等暗深绿色”。“一名肋木刺”注云：“中等明绿色”。一名“撒卜尼”，注云：“下等带石浅绿色”。应是今之祖母绿也。

由上文所说约略可以知道，所谓“碧砑玺”或“碧鸦瑶”，应是来自西域而具有桃红、紫、黄三种颜色的贵宝石。其中又以桃红色的最为名贵，元朝大德年间由皇家买入的一块，重只一两三钱，价达中统钞十四万锭。虽然我们无法知道中统钞与金银的比价如何，但福格既说，碧砑瑶之佳者，一两重即可售银二百两，则此物在清朝时的售价，仍约略可知。照通常情形来说，宝石亦同钻石一样，体积愈大愈名贵。一两重的宝石可值银二百两，重至一斤二斤，其价值应以几何级数增加，为一两重之一百倍至四百倍。英和在内务府库房中所寻得的一块碧砑瑶制成之巨型蟠桃，其直径既有五六寸之多，其重量当然不止二三斤而已，以此推算，其价值当为几何？何况又是色泽极佳的桃红之色（蟠桃当然不可能用黄色或紫色原料制作）？道光时的一两银子，其购买力相当于现在的新台币二千元（合人民币约五百元）。如果这枚碧砑玺制成的巨型蟠桃在当时值银五万两，折合现在的新台币，便可高达一亿元之谱，这数目是十分骇人的！

在历史上以“俭德”著闻的道光帝，生平刻薄自己也刻薄他人。最使人难以想像的是，他居然会因为舍不得花钱为宠妃置办宝石手钏之故，而忍心将价值亿万的一个红宝石大蟠桃锯开来改作手钏，完全不曾想到这样做是不是太浪费了？由此一点，可知他之刻薄吝啬而不知爱惜物力，实在是前无古人而后无来者。这种“打破水缸作砚瓦”的荒谬思想，换了是汉文帝或宋仁宗，有可能想得出来么？

# 放诞风流袁子才

## 正反两面的评价截然不同

清人李宪乔为袁枚的画像题辞，曾说：

> 旷矣先生，侔今无徒，侪古少类。旷如刘伯伦而不好饮，逸如嵇叔夜而不好音乐。习静如王摩诘而不好佛，恬退如贺季真而不好道，以名教是非自任如韩退之而不好儒。志鄙王戎而不讳好财，性异阮咸而不辞好色。恢奇倜傥，疑龙疑蛇，播之为文，天焰地葩。或谓是太白之精所化，而为文章之宗耶；或谓是岁星所寓，而为滑稽之雄欤？

刘伶、嵇康、王维、贺知章、韩愈、王戎、阮咸，都是历史上知名的人物，袁子才有他们的旷达恬逸而不累于其声乐麯蘖之嗜好，不沉湎于其宗教信仰，却又偏有王戎、阮咸好财好色的丑德，真可说集贤人名士于一身而又过之，具见其卓荦恢宏之一斑。至于其文章之瑰奇可比李白，言辞之滑稽可比东方朔，则尤其余事。如此超迈古今的杰出人物，自然值得后世读者无限景仰；而如此崇高之赞颂，似乎也大可作为赞美派言论之代表。

与赞美派言论立于截然对立地位的论评，可举清人赵翼所撰的一篇《控辞》为代表。赵翼，字云松，号瓯北，史学家，其诗与袁枚、蒋士铨齐名，称为江左三大家。梁绍壬所撰《两般秋雨庵随笔》载有此文，题名《瓯北控辞》，其原文如此：

> 窃有原任上元县袁枚者，前身是怪，括苍山忽漫脱逃，年老成精，阎罗殿失于查点。早入清华之选，遂膺民社之司，既满腰缠，即辞手版。园偷宛委，占来好水好山；乡觅温柔，不论是男是女。盛名所至，轶事斯传。借风雅以售其贪婪，假觞咏以恣其饕餮。有百金之赠，辄登诗话揄扬；尝一脔之甘，必购食单仿造。婚家花烛，使刘郎直入坐筵；妓宴笙歌，约杭守无端闯席。占人间之艳福，游海内之名山。人尽称奇，到处总逢迎恐后；贼无空过，出门必满载而归。结交要路公卿，虎将亦称诗伯；引诱良家妇女，蛾眉都拜门生。凡此胪陈，信无虚假，虽曰风流班首，实乃名教罪人。为此列款具呈，伏乞按律定罪。照妖镜定无逃形，斩邪剑切勿留情。重则付之轮回，化蜂蝶以偿夙孽；轻则递回巢穴，逐弥猴仍复原身。

以赵瓯北与袁子才的交谊而言，这样的呈控之词当然只是游戏之作。但虽是游戏之作，所指责的袁子才种种秽行，却全是事实，并无虚假。梁绍壬在记述此一《控辞》之后附有按语，说："其罗织之词，虽云游戏，亦实事也。"可为明证。推想赵翼之所以要借"游戏"为名，丑诋子才，应该是袁枚那种放诞狂妄的作为早已使他看不下去，然而碍于双方交谊，实在不便坦白批评，只好在一次宴饮场合中借醉盖脸，直言无忌地说出了他心中的感受，以抒发其长久抑压的不满。如果这样的推测不错，则赵翼的这一篇游戏性控辞，又正好作为反对派人士对袁枚的代表性批评了。

## 年方四十即辞官归隐

袁枚，字子才，号简斋，浙江杭州府钱塘县人。生于清康熙五十四年，卒于嘉庆二年，享寿八十二岁。

由袁枚的生平行事可知，他是天分极高的才子型人物，十二岁就考中了秀才。但是他虽然嗜学问而好读书，却对科举考试所用的八股文并无兴趣，以致在中秀才后屡应乡试不第。二十二岁时顿然觉悟，非借八股文不能猎取功名，努力在这上面痛下功夫，终能在第二年考中举人，时为乾隆三年。翌年会试连捷，成进士，改庶吉士，入庶常馆教习。到此时为止，他的宦途颇为顺利。

依照明清两朝的制度，庶吉士教习三年，须在散馆考试时成绩优等，方能成为正式的翰林；散馆考试成绩不佳者，或内用为部属，或外用为知县，从此与翰林无缘。袁枚在庶常馆教习期间，奉派学习满文，而袁枚对满文十分讨厌，一如他当年之对待八股文。等到三年教习期满，无论是翻译或书写，每一项都不能及格，当然只能归入劣等。于是被摈出翰林院，以知县外用，派往江苏。

由翰林院庶吉士外用为知县，袁枚曾历任溧水、沭阳、江浦、江宁等四县，政声颇著。但是他却在乾隆十九年时藉口有病，于父丧丁忧期满例应起复之时称病不出，从此辞官归隐，时年止三十九岁而已。

古人称四十岁为“强仕”之年。意谓人到四十岁之时，志气坚定，已能不为利害所夺，不为祸福所怵，乃是最适宜于服官出仕之年龄。袁枚正当四十强仕之年时忽然辞官归隐，正好与一般常情相反，其动机为何，不免引起人们的猜测。有人以为，他是因为翰林院庶吉士的身分极其高贵，耻为风尘下吏而辞官不为的。也有人认为，袁枚在江宁知县任内已被推升为高邮州知州，而吏部驳复不准，因灰心失意而方有此辞官之决心。这些理由当然都能言之成理，但有一项事实却是大家所忽略的，就是，袁枚出身贫家，本来是为禄入而出仕的；而此时的他，已经变得十分有钱了。昔日为贫而仕，不得不仆仆于车尘马足之间，日伺上官之颜色；如今宦囊既充，生活无忧，又何必为五斗米而不顾自己的尊严？更何况宦途坎坷，更足以使人心灰意懒呢？照后来的事实情况推测，袁枚年方四十而辞官归隐，其真正的原因应该如此。在这里，《瓯北控辞》中所谓之“既满腰缠，即辞手版”云云，便很值得注意。

根据野史传闻之说，袁枚在江宁知县任上，曾因枉断一宗富家争产的官司，得受巨额贿款。有此大笔银子的“宦囊”，十几年寓公生活的衣食之费已无顾虑。而那时在南京作两江总督的尹继善，又正好是他殿试阅卷的老师，一到南京就和袁枚诗酒唱和，十分相得。有此人事背景，加上他在江南作令十年所建立起来的社会关系，早已使他文名远播，载誉当时。如果他在此时脱去官服换着布衣幅巾，相信不难以名士身分借卖文鬻字得获适当的利润。果能如此，则不作官亦可以暖衣饱食，逍遥自在，又何必日日倒执手版，趋走于显要权贵之门呢？由后来的事实看来，袁枚似在辞官之初即已有此构想，而在后来居然能够实现，实在十分难得。

## 以全副精力重建随园

南京四围多山。城北的钟山，高峻雄伟，气象巍峨。城西的清凉山则风景清幽，自唐宋以来就是避暑的胜地。清凉山的余脉向南北伸展，北面一直延伸到北门桥西的小仓山，已成尾声，山势平缓，高度亦已有限。但即使如此，站在小仓山顶，依然可以望见雨花台、莫愁湖、冶城、明孝陵、鸡鸣寺等名胜，富有临眺之胜。当年曹雪芹的祖父曹霑在南京做江宁织造，曾在此经营了一座大花园，山水楼台花草树木，极有规模，相传《红楼梦》里的大观园就是以此园为蓝本的。曹家被抄没后，园归继任织造隋赫德所有，改称隋园。隋赫德缺乏居园之雅兴，此园渐归颓败。到乾隆初年，隋家后人决定将此园出售时，由于破败过甚，已经卖不起价钱，袁枚只花了三百两银子，就将这一大片园子买了下来。他查考历史文献的记载，知道东晋时谢安所住的谢公墩，唐朝时李白所住的谢家青山，以及北宋时王安石所住的半山园，其遗址都在这一带地方。因此袁枚在辞卸江宁知县之后就迁居此园，并作诗一首自诩云："死则李白妒，住乃安石恫。苍生如予何？大笑东山东。"此园后来成为南京附近极有名的风景据点，固然得力于袁枚的经营之功，亦未尝不是这些历史名人的声誉影响使然。

在辞官归隐之初，袁枚的钱还不够他大举修园之用。所以他在开始时只将园中颓败得最厉害的池馆楼台择要修复了一部分，然后视财力逐步布置开拓。其园名则由隋园改称为"随园"，取"随遇而安"之意。以此园后来的布置规模看，决不止随遇而安而已。不过这"随园"之名确实十分高雅，衬托出园主人的身分与气度，越发相得而益彰。就从这一点看，就可知道袁子才之不同凡响。

由袁枚所撰的几篇《随园记》及其孙袁祖志所撰《随园琐记》等文章内容可以知道，袁枚从迁居随园到他死亡为止，四十多年之中，始终以全副精力经营此园，其意境则略仿杭州之西湖。西湖有内外二湖、苏白二堤，又有南北双峰及六桥三竺等胜景，随园中亦仿佛有其踪影。园中著名的胜景，有竹清客、牡丹岩、柳谷、柏亭、双湖、南台、澄碧泉、回波闸、小栖霞、水精域、蔚蓝天、赚山红雪、群玉山头、香雪海等，依山傍水，各就其特性加以妆饰点染，以人工而巧夺天然，不让西湖胜景专美。沿西山筑长廊数百步，廊壁间尽是投赠题壁之诗。仓山种竹数万竿，青翠之气沁人心脾。园中四时皆有花卉，梅尽则桃李争春，与沿湖堤的垂柳相间，宛然西湖六桥风景。所植牡丹，宛如一山，盛开时照以烛光，日夜皆可供游人观赏。至于玉兰、绣球、木香、蔷薇、芍药、芙蓉、海棠、朱藤之类，亦复循山沿湖，栽植几遍，四时之花，美不胜收。夏日池荷，秋时丹桂，亦为园中之胜景。此外更有数百年的极大银杏树及黄山松，罕见的黄木香及白蔷薇等等，名园胜景，得此点缀，尤见其高雅脱俗，不同于凡姿俗艳。

## 借风雅以售其贪婪的大学问

袁子才刻意经营他的随园，表面上看来，正是《瓯北控辞》所说的“园偷宛委，占来好水好山”，享尽了人间之清福。事实上则是“借风雅以售其贪婪，假觞咏以恣其饕餮”，其中大有学问，不可不知。

在袁子才的《随园诗话》中，屡有达官显要专诚前来随园造访的记述，其目的在游园之外，顺便可以一尝随园食谱所标榜的各色名菜。袁枚素嗜饮食，赵翼不就说过，“尝一脔之甘，必购食单仿造”吗？原来他之所以要用剽窃仿造之法撰写《随园食谱》，一方面是要借此建立其“美食家”之声誉，一方面则无异广为宣传招徕，使海内饕餮咸知其家厨烹调之妙，渴望有机会能尝鼎一脔，品味随园佳肴之美味。而且不仅此也，袁子才除了在《随园食谱》

上竭力揄扬其奇珍异味的烹制方法外，在进餐的情调上亦复极下功夫。藤花厅、判花轩、香雪海、绿净轩等随园胜景，都有可供设宴的亭阁台轩，格调雅致而建筑精美。在如此讲究的风景名胜之处享受美酒佳肴，已是人生难得的机遇，更何况还有歌僮美姬在旁相陪，征歌选舞，尽力在耳目视听上面满足贵宾的需要。如此高雅的享受与豪华的气派，即使是高官显要及腰缠百万的巨富，亦从来无此经验，一旦亲身领受，自然要咤为奇遇而叹为观止。经由这些亲身经历者之广为宣传，随园风景与袁家美食的大名不胫而走，四方慕名者群趋而至，袁枚的财源也滚滚而来。在这种情形之下，随园成了远近知名的南京名胜，终年游客络绎，《随园食单》与《随园全集》的销路也无远弗届，洛阳为之纸贵。袁子才的经营之术，可谓高明。

在袁子才的生存时代，风景名胜区没有收门票的规矩。如其不然，袁子才开放随园风景纵人观览，光是门票收入就十分可观了。即使如此，他在园中出售他的《随园全集》及《随园食单》的生意，也很不错，一年卖个三四千两银子，不称稀奇。当时的一两银子可以买米一石，三四千两银子的收入已很可观了。此外，以袁子才交游之广，文名之盛，以及达官贵人们的吹嘘揄扬，各方人士挽请撰作应酬文字的，接踵而至。碑版志铭，寿序诔词，所代表的都是黄金白银。有了丰厚的收入之后，袁子才一方面继续不断地投资扩展他的随园美景，一方面更以随园为各种文化活动的聚会场所，经常借修禊、结社、赏花、观雪之名义邀请当地文士前来饮酒赋诗，即席唱和。袁子才既是东道主人又是文坛魁首，无形中就造成了他的文化界领袖地位，俨然成为一代宗师。有了这样的社会地位之后，无论他到那里去游览，都可以造成很大的轰动。所谓“人尽称奇，到处总逢迎恐后；贼无空过，出门必满载而归”。即使他不打抽丰，巴结趋奉他的人也一样会奉献各种礼物的。至于

“婚家花烛，使刘郎直入坐筵；妓宴笙歌，约杭守无端闯席”，也是这种情形之下的产物。至于他因多置姬妾而招来好色之名，多收女弟子以广招徕而得到败坏名教的骂名，亦此之类。

## 作风大胆，难免放诞风流之评

具有天才横溢的本钱，而又深谙宣传手法，懂得以广事结纳与广通声气之技巧来推销自己，袁子才终于在乾嘉时代建立起他的广大声誉，虽历时二百余年而不衰。以现代工商社会的观点来看，袁子才无疑是最成功的职业作家，其卖文鬻书的收入之丰，不但在当时举世无两，即在现时亦很难有人能望其项背。不过因为他的作风太大胆，不合于古老社会的保守思想，所以难免招来卫道者之骂言。称之为“放诞风流”，应该是很客观平恕的批评吧！

# 何桂清末路可悲

清文宗咸丰十年闰三月，太平天国的忠王李秀成以围魏救赵之法踏破了围守在南京城外的清军江南大营——他先以三千精兵由皖南疾趋泗安湖州一路，蹈瑕钻隙，直攻到防卫疏落的浙江省会杭州；待江南大营急派援兵来救杭州，他又以最快捷的速度由天目山孝丰一带回师广德。此时，他所调集的各路大军亦已完成部署，遂由溧水、溧阳、高淳、句容之线猛攻江南大营之后路，与南京方面的太平军东西夹击，一举摧破了连营数十里，有众七八万的江南大营。败军向东溃逃，影响所及，苏松常杭嘉湖膏腴完善之地，亦全数落入了太平天国军之手。在这一场天崩地坼般的重大挫败之中，很多高级将帅都相继死难，唯有身居地方官最高职位的两江总督何桂清临难苟免，由常州而苏州，由苏州而常熟，最后逃入了上海租界。虽有朝命逮捕亦不肯俯首就擒，在当时实在使很多人感到意外。虽然他最后仍被定罪处死，并未能幸逃显戮；但若由他逃亡匿迹期中的种种企图脱罪努力看来，他那种千方百计但求免却一死的苟活之心，实在可鄙可怜。一个贪生畏死的卑鄙懦夫，清朝政府为何可以将总督三省的重大责任交付给他？何桂清诚然有负付托，当时的咸丰帝，实在也难辞知人不明之咎。

何桂清是云南昆明人，少年得意，年甫二十就高中了进士。从此点翰林、值南书房，一路春风得意，只十年功夫就升到了二品的内阁学士。咸丰元年，由户部侍郎外放为江苏学政。当时太平天国已经占据了长江下游的广大地盘，成为清朝政府的心腹大患。何桂清虽然是没有守土之责的衡文之官，一样热心国事，经常上疏奏劾那些巽耎无能而贪生怕死的地方疆吏，并且提出整顿改革之法。因此被咸丰帝视为是有能力的干材，两年之后，就由仓场侍郎授为浙江巡抚，正式出膺疆寄。咸丰七年，两江总督怡良因筹饷不力被解职，而何桂清在浙江的表现很不错，调往两江署理总督，不久即告实授。当时他还只有四十岁刚刚出头的年纪。一介书生，在二十年中就能由翰林擢升至总督，官居一品，其成就确实不同凡响。

由于江南大营阻断了太平天国从南京向东方的发展，苏南浙西得以偏安一时，总督与巡抚只要能竭力筹饷供应大营的军费，便称克尽职守。何桂清筹饷，主要得力于藩司王有龄的帮助。此人对征赋、课厘及劝捐都十分有办法，江南大营年需军费五十余万金，江苏供应无缺，何桂清更可藉江苏省之财富源源灌输满朝权贵，自军机大臣以至朝中士大夫，无不认何桂清是最能干的封疆大吏，声誉日隆，皇帝对之亦深信不疑。殊不知道，何桂清其实只是一个巧宦热中而徒托空言的标准官僚而已，一旦面临重大考验之时，其无胆无识的懦夫行径便即充分表露无遗。这只要看他在江南大营崩溃之后的表现，便可知道。

薛福成所撰《庸庵文编》中，有《书昆明何帅失陷苏常事》一文，对于何桂清临难苟免的行为有极具体的记述，云：

何帅闻丹阳失守，大惊。总理粮台前按察使查文经希何帅意，挈诸司道联衔禀请退保苏州。何帅得禀牍大喜，即拜疏言：“和春已至常州，军务仍归督办，臣即驻苏州，筹饷接济。”绅民耆老数百人即夕执香赴辕门跪请留常，谕之不散，抶之不退，何帅怒，遽令开洋枪纵击，死者十九人。夏四月乙丑朔，绅民复相聚遮留，声势遂汹汹。何帅惧，微服由间道脱走，步行出东门，上马，遇知府平翰在城外巡徼，疑其追己也，手洋枪拟翰以吓之。翰退避，乃怒马绝尘驰去。遂率亲兵五百赴苏州，城中文武皆奔散，惟通判诺穆观布兀坐危城中。何帅至苏州，巡抚徐有壬不纳，劾何帅弃城丧师，暨亲兵在道焚掠状。奉旨革职，拿解来京审讯。何帅走常熟，绅民递禀牍，谓常熟小邑，不足烦督府亲驻，请免税驾以召寇。舣舟三日，宣言当藉洋兵，遂之上海……

身为守土有责的封疆大吏，当常州危急时即弃常州而奔苏州，苏州不纳则奔常熟，常熟不纳则再奔上海。上海有洋人的租界，太平军对之不无顾虑。何桂清逃入上海，既可托庇洋人势力以免成为敌人俘虏，亦可暂时逃避政府对他之缉捕，计诚良得。但是他身为大臣而所为如此，实在使政府威信及总督的身份体统俱扫地以尽，实在使旁观者为之齿冷。据《清史·何桂清传》所记，他在同治元年方就逮下狱，解至京师，谳拟斩监候。大学士祁寯藻等十七人上疏论救，经太常卿李棠阶力争以为不可，谳乃定。其冬，弃市。可见其最后仍然未能幸逃显戮，国法亦伸。但是对于他在上海匿藏两年，迁延不肯就逮期间的作为如何？则并无记载，殊不能知道他凭何理由竟敢抗拒朝命，视纪纲法度如弁髦？关于这一层，还应该再看看其他方面的有关记述。

曾在曾国藩两江总督衙门中作幕宾的赵烈文，常州府阳湖县人，所撰《能静居日记》中颇有若干关于何桂清的记录，可以参看。

《能静居日记》咸丰十一年四月廿八日的记录说，常州难民在上海者有五千人之众，赖同乡绅衿捐款设局，煮粥赈济。因捐款将罄，难以支持，传闻何桂清愿意出钱资助，遂应同乡佛持、郎甫二人之邀，往谒何。既见，“即拉余手直入内室数重，至一小阁，出踞苏逆酋某投诚印禀见示，自言购线已久，今始得要领，事可必成，庶稍赎愆咎云云。余笑颔之。”因当日所谈助赈之事未有成议，翌日，遂与在沪诸同乡至茶肆共商，又转往团防局会议。当时曾有人代替何桂清提出一件自拟之禀辞稿，希望由常籍士绅为之具禀当道，洗刷其弃职逃命的罪名，如能同意，则何桂清允许每年捐助赈济银一万两，至常州收复之日为止。“但何自具禀辞，颠倒是非。罪案重重，一言抹煞，阅之令人增忿。”于是商谈不能成功，出禀洗罪之事，亦遂作罢。

看了赵烈文日记中的记载，何桂清匿居上海期间，除了花费莫名其妙的金钱去“购线”策反，妄想踞守苏州的“逆酋”会因他的金钱收买而反正投降外，另一种脱免罪名的妄想，则是希望借出钱助赈之法得到常州士绅之首肯，为他做颠倒是非的伪证。居心如此，除了目的在希望幸逃一死之外，尚复何求？官居一品，位高爵尊，在临难时只图苟且贪生，在事后又复千方百计地希望掩盖涂饰，实在可怜可鄙之至！当江南大营尚未崩坏之时，清政府每年投注大量金钱，希望能藉江南大营之兵力收复南京，平定洪杨之乱。而当时深被皇帝倚信委任的，除了和春、张国樑、张玉良等久已习惯于骄奢淫逸生活之将领外，文臣方面的最典型榜样，就是何桂清这样的封疆大吏了。若不是因江南大营之崩溃而大加荡涤一番，这些人永远不会被淘汰，亦即曾国藩、左宗棠这种苦干实干的人永远出不了头。所以，何桂清的后来遭遇虽可悲悯，亦应是清朝政府气数未尽之故，才会使何桂清难逃这最后之一劫。如其不然，清朝政府亦应该在当时完蛋在这些人的手中了。

# 曾国藩臧否时贤

## 曾国藩"善相士"

清末名臣曾国藩的一生，事功彪炳，德业弘伟，历史学家一向给予极高的评价。在许多有关曾国藩传记的著作中，他有一项为大家所公认的成功条件，是即其"知人"之明。俞樾《春在堂随笔》中有一条说：

> 湘乡出将入相，手定东南，勋业之盛，一时无两。尤善相士，其所识拔者，名臣名将，指不胜屈。

曾国藩如何"善相士"？俞樾的这一条记述语焉不详，还需有别项记述来补充说明。薛福成《庸庵文编》中有一篇《代李伯相拟陈督臣忠勋事实疏》，正好作为补充，抄一段如下：

> 自昔多事之秋，无不以贤才之众寡判功效之广狭。曾国藩知人之鉴，超轶古今。或邂逅于风尘之中，一见以为伟器；或物色于形迹之表，确然许为异材。平日持议，常谓天下至大，事变至殷，必非一手一足之所能维持；故其振拔幽滞，宏奖人杰，尤属不遗余力。尝闻江忠源未达时，

以公车入都谒见，款语移时，曾国藩目送之曰："此人必立名天下，然当以节烈称。"后乃专疏保荐，以应求贤之诏。胡林翼以臬司治兵，隶曾国藩部下，即奏称其才胜己十倍。二人皆不次擢用，卓著忠勤，卒赖其助。其在籍办团之始，若塔齐布、罗泽南、李续宾、李续宜、王鑫、杨岳斌、彭玉麟，或聘自诸生，或拔自陇亩，或招自营伍，均以至诚相与，俾获各尽其长，内而幕僚，外而台局，均极一时之选。其余部下将士，或立功既久而浸至大显，或以血战成名临敌死绥者，尤未易以悉数。

做大事立大功，所需要的就是能以各种方式罗致有用之才以帮助自己。曾国藩有知人之明而又能善用人才，自然奠定了成功的基础。但是，通观曾国藩的奏疏文集，他对于当时人物的评骘，几乎只有赞誉而没有毁短。难道曾国藩所见到的并世人物，俱皆是忠义奋发之士，并无庸劣凡下之材么？答案显然不是。然则曾国藩对当世人才之评估，其所以只有赞誉而并无毁短的原因，无非是不愿意见诸文字，出诸言语的谨慎态度而已。由赵烈文《能静居日记》中的记述，就可以证明这一点。

## 能静居日记中多秘闻

《能静居日记》手写本共四十册，作者为曾居曾国藩幕府的阳湖赵烈文。赵烈文字惠甫，号能静居士，清宣宗道光十二年生。咸丰五年，曾国藩在南昌时，赵烈文首次应聘入曾幕，至咸丰七年，因母丧丁忧，返回常州。同治元年，曾国藩的湘军大营移设安庆，再邀赵烈文居幕，至同治四年因乞假回籍省墓而退出。同治六年四月，赵烈文由常州至南京，当时曾国藩正任两江总督之职，邀赵烈文入幕，因此赵烈文又三入曾幕，直至翌年七月曾国藩奉调为直隶总督，赵烈文未同时随往，因而结束了三度相处的宾主关系。台北图书馆于抗战时斥重金购得这一部原归赵氏子孙世守珍藏的赵烈文手写日记，以其史料价值极高之故，曾被蒋复璁先生誉为该馆的“镇库之宝”。一九七二年，台湾学生书局将此书收入该局所编印的《史学丛书》第一辑中影印行世，此书遂得化身千百，流传人间，普遍为学术界所利用。由于赵烈文与曾国藩之间的交谊甚深，曾国藩与赵烈文的谈话，屡被巨细无遗地记入赵烈文日记之中，因此使得这一部日记充满了价值珍贵的史料。试加辑录，实为研究曾国藩性格及了解当时人物之极好参考。

赵烈文三居曾幕，其最后一次已在政治秩序恢复、生活安定之后，彼此间有充分时间自由交谈，所以谈话资料极多。由赵烈文所记谈话中可以看出，曾国藩对赵烈文的学识能力与德行操守都极为欣赏，谈话毫无拘束，内容亦极广泛，撇开其他部分不说，单只以曾国藩对当世人物的批评意见而言，就可以辑出甚多。略引数条于后，虽属尝鼎一脔，却已可透露出甚多的轶事秘闻。

## 评骘人物的范围甚广

《能静居日记》，同治六年五月十八日记云：

> 日晡时，余方偃卧，而涤师至，立帐外如植睯。急起陪坐，谈话甚久，遍及时贤。云：“刘印渠极长厚谦下，故做直督数年极稳，其心地亦端正，性能下人而非为保位之计。官秀峰城府甚深，当胡文忠在时，面子极推让，然有占其地步处，必力争，彼此不过敷衍而已，非诚交也。其心亦止容身保位，尚无险诐。外间传言，胡死后官封其案卷，则又言

之过甚。左季高喜出格恭维，凡人能屈体已甚者，多蒙不次之赏，此中素叵测而又善受人欺如此。李小荃血性不如弟而深稳过之。吴仲宣殊愦愦。沈幼丹自三年争饷后，至今未通信，其人大抵窄狭。彭雪琴光明俊伟，而本事不及杨厚庵。杨厚庵颇狠。恽次山精核而非独当一面之才，实一好藩司，心地亦苦窄。老九去年讦官不胜，极悔，极思退，事事请教老兄。余曰：'须悔亦须硬，仍须顽钝无耻，乃可做事。'余往年在江西光景，视老九所处，何啻数倍？足下所知，但恐渠无此耐心耳。”又言：“官秀峰事起，彼此不相闻问，内中亦不以见询。后与官相见面，彼此不提，始终若聋聩然。李少荃劝余密折保官，请弗深究，外又纷言余劾老九，其实皆未知余心。此事殆不可参以文法，余惟麻木不仁处之而已。”

这一段话中牵涉的人物甚多。“刘印渠”即刘长佑，曾官直隶总督。“官秀峰”即是因曾国荃之参劾而罢职的湖广总督官文，因其位居大学士，故称“官相”。“左季高”即左宗棠，“李小荃”即李鸿章之兄李瀚章，“吴仲宣”即吴棠，沈幼丹即沈葆桢，彭雪琴即彭玉麟，杨厚庵即杨岳斌，恽次山即恽敬临，“老九”则曾国藩之老弟国荃也。至于“胡文忠”，则是已故世的湖北巡抚胡林翼，与曾国藩、左宗棠、李鸿章并称为“同光中兴”之四大名臣，官虽不尊而享誉极隆，这当然是大家都知道的了。

关于胡林翼交欢官文以便自己能放手做事的那一段掌故，自从薛福成在《庸庵笔记》中为之刻意誉扬以来，大家都认为胡之谦德固不可及，官文之敦朴长厚，亦有可称。而从曾国藩的这一段话看来，官、胡之间的交谊，实在不能如薛福成所说的“水乳交融”。唯其因为官文之贪黩庸鄙，所以曾国荃做了湖北巡抚之后，才会不客气地上本参他。其结果是官文虽然罢职，曾国荃亦大遭清廷之忌，故谓之“讦官不胜”。至于左宗棠、沈葆桢、杨岳斌、彭玉麟诸人，均属当时之功臣宿将，其性格才能中居然有罕为人知之另一面，在后人之参考研究上当然有其价值。等而之下的吴棠与恽敬临，在当时亦位至总督、巡抚之职，由其人之才品高下及仕途通显，颇可看出清末政治风气进退消长情形之一斑。与此相类似而同时曾被评骘的督抚监司，尚有河南巡抚严树森、山东巡抚阎敬铭、两广总督毛鸿宾、江苏徐州道高梯、上海道丁日昌等人。同治六年九月初四之《能静居日记》记此云：

> 涤师来久谈。言：“严树森前奉命以贵州布政司查办贵州巡抚张亮基参案，复奏后自请开缺北上。上谕严斥其叠次藉辞逗留，延不赴任，于交办事件并不亲往察看，安坐邻省，即行查明复奏，自来无此体制；又因贵州诸事棘手，自请开缺进京，规避取巧，辜恩溺职，殊出情理之外，著革职发往云南，交张凯嵩差遣委用云云，两宫可谓严明。”又言：“严本一猥琐之才，经胡咏芝赏识后，俨然自托于清流。在豫抚任内，痛保朝中阔人如倭艮峰等。古人明扬仄陋，或不如此。”余闻之大噱。因问：“此折据方宗诚自言其所作，信乎?”师曰：“方宗诚见识止此而已，斯言殆信。”余又问：“阎丹初敬铭视严何如?”师曰：“远甚。阎之器品较严树森端方，固矣。如前辞齐抚，齐抚极可为之官，严即断不能也。凡一督抚官能去之若遗者，皆有过人处。”余曰：“然。”师又问：“恽次山归后，宦情淡乎?”余曰：“未知，闻欲来师处一仰山斗。”师笑。继曰：“毛寄云尚雄心未已。督抚在任，势足动天地，一举足则从者如云，一出口则诺者雷动，昼则羽仪照耀，夜则列炬星布。比一归家，从苍头数人，坐小轿，燃数烛而已，其能帖然否乎？此人情也。大抵人处境中，自非圣贤，鲜不为境夺。故仲尼亟称颜子不改其乐，于此等可见圣贤立教之宗。”

曾国藩在这一段话中说，严树森作河南巡抚则痛保朝中阔人，连大学士倭仁（艮峰）等人亦皆一网打尽，不知其意何居？及降为贵州藩司则规避畏事，存心取巧却弄巧成拙。毛鸿宾（寄云）历官巡抚、总督、享惯了富贵尊荣，罢官后不甘寂寞，雄心未已，与恽敬临俱是“宦情”甚浓之人。凡此俱是碑传集资料以外的资料，由这些小地方才最足以看出这些人的真正底里。在这一段话之后，曾国藩与赵烈文曾谈论佛教之教义，然后又谈到徐州道高梯与上海道丁日昌二人之才行。《能静居日记》之所记如此：

余曰：“新徐道高梯，外间言其人难共事，信乎？”师曰：“诈人也，与丁日昌为同类，顾好名，能做事，诈为善，虽诈不能不取。”继而喟然曰：“安得有人乎？勇于事情者，皆有大欲存焉。若辈知好名，犹足为善。吾与李少荃在，若辈鳞甲，不致全露，然亦极意笼络之，又不可使见痕迹。甚矣，用人之难也。吾观人心之变幻皆然，不独今日，足下以为何如？

曾国藩以为高梯与丁日昌皆是诈而好名，却又具备办事能力之人，这一段话最值得注意，亦是湘、淮二系人才的重要区别所在。曾国藩藉湘军戡定大难，他所倡导的，是质朴纯真的爱国热忱，所以湘系人物多以诚朴见长，磊落光明，虽才具偶有所短，而志节多有可观。反观李鸿章所领导的淮军，则其分子糅杂，良莠不齐，与湘军气象大不相同。三国时代的魏武帝曹操，用人唯才，使贪使诈，皆无顾忌，李鸿章麾下的淮军人才亦颇有此风，如丁日昌，即是李鸿章所极为倚重的“能员”，曾国藩为了李鸿章的缘故而不得不多方包容。此公后来官至江苏巡抚，李鸿章的北洋新政，丁日昌出力甚多。然而在曾国藩的眼中，高梯与丁日昌的勇于任事，实际上是“皆有大欲存焉”，一旦在上面的领导之人不再是曾国藩或李鸿章，则这些人的鳞爪尽露，设若彼时的当局者又无操纵驾御之能力，对于实际政治的影响就太大了。李鸿章后来逐渐成为清朝中国最有权力的政治人物，经由他所拔擢的北洋人物，遍布要津，然而晚清政治风气却以贪浊腐败见称，可见李鸿章的作风和他的干部人才，关系十分重要。曾国藩在三十多年前就已隐约看出这点，可见他确实具有不凡之卓识。

## 谨慎的曾国藩竟亦有此

臧否人物，最容易树敌招怨，智者不为。曾国藩的奏疏和文集中，对当世人物只有赞誉而没有短毁，显然是由于这一道理。但是他在与赵烈文的谈话中，却毫不保留地发表了他的批评意见，实在使人感到奇特。大概因为他与赵烈文的交谊太深，觉得彼此间的谈话不需要有太多的顾忌，所以才会直言无隐地说出了他的心中感受。若非如此，我们又怎能知道，“诸葛一生惟谨慎”的曾国藩，也有放谈无忌的时候呢？

赵烈文日记所记的曾国藩谈话，属于评骘人物方面的记述尚多。限于篇幅，不能一一举证，略述数端，藉以见其一斑。读者诸君如果对此深感兴趣，不妨自往《能静居日记》中检索之，今不复赘。

# 曾国藩的白折子工夫

清末名臣曾国藩的古文，在当时名重天下，其奏疏亦称为一把好手，唯有他的书法，干硬峭拔，似乎不太高明。清朝自嘉庆、道光以来，翰林最重书法，所谓“黑大光圆”的“殿阁体”字体，虽然庸俗凡陋，却是掇巍科、取上第的重要工具，书法欠佳，文章再好也摆在一边。所以，不管是进士参加殿试、朝考，或是翰林应考差，都要努力讲究写“白折子”的工夫，以求在书法上争一日之短长。

科举时代的考试卷子，自各省乡试至礼部会试，都由主办单位依规定格式印制使用，卷子上印有朱丝栏界画的红线直行；每行写字若干，抬头应在何处，都有明白规定；只有会试以后的殿试、朝考、及翰林考试差的卷子白纸无格，故名为“白折子”。但白折子虽无行线界画，一页写几行及一行写几字，仍不能逾越规定。唯一的好处是，无界画的白折子写起来比较能自由发挥，更能显出书写者的书法之美，所以写起来也就更得注意书法的艺术了。曾国藩以三甲进士而能被点为翰林，全靠他朝考时高居一等之功，足证他的字体在当时也能被视为“入彀”。但点了翰林之后还得希望“得差”，还得参加一连串的考试，写字的工夫不能就此放下，所以他还得继续勤练白折子的工夫才行。

清朝的翰林生活最为清苦，额外的经济来源全靠能点放试差——学政一任三年，通常的羡余不止一两万银子，足够京中生活的十年柴米之资；等而下之的乡试正副主考官，去一趟也有三四千银子的贶仪可得，足足抵得上穷翰林两三年的收入。曾国藩在京中当穷翰林时，由于翰林官的额俸实在太少，当然也希望能得到这些优差，以资贴补生活。所以在读书作文之暇，一有空就勤练白折子的写字工夫。无奈他的书法早就定了型，再怎么写也是干柴一般挺硬的一笔“曾体字”，教人看来实在担心。

道光二十年，曾国藩的九弟国荃由湖南入京，住在他的寓所里，由曾国藩指点他读书作文，以求考试得隽。某一天，有朋友介绍来一个跟班，希望曾国藩留用。曾国藩因为自己的生活并不宽裕，认为用不起跟班，不肯收留，而此人哀恳不已，弄得曾国藩硬是无法将他打发走，就对他老弟说：“此人如此纠缠，我该怎样办才好？”曾国荃的回答极妙，他说：“我看也没有什么不好打发的，你只要拿刚写好的白折子给他看，让他知道你是没有希望点差的，他不就自己走了吗？”

曾国藩的白折子固然写得不好，可是他老弟的话也真教他受不了。然而，他又能说他老弟不对么？就这样子，他几乎要被气得眼睛都翻白了。

# 贺宏勋的故事

古文名家林纾所撰的《铁笛亭琐记》里，有关于曾国藩的一则轶闻趣事，说：

> 贺宏勋者，江西知县也，方曾文正收复金陵时，江西尚未知状，而贺为上司饬令解饷至江宁。江宁适以昨日克，而贺以明日至。文正见贺手版，名曰宏勋。贺宏勋者，大功告成而来贺也，无心竟中文正之怀，即令入见，加以褒词。且谓左右：此人诚悫可用。即草一书授贺，令投之藩司，叙贺品学佳处。时文正方封侯，行即入相，藩司奉令惟谨，即授临川，岁入可七万金。贺本庸才，以名姓为巨公符瑞，竟得美缺，宜乎满人皆以吉祥为字也。

《铁笛亭琐记》在清末民初是很有名的一部掌故书，尤其因为林纾是出了名的古文大家兼名翻译家、名画家，无人怀疑他的操守与品德，何况他还是以清末之人写清末之事，耳目既近，传闻自确，更增加了他这部书的可信程度。然而若加以逐细考核，《铁笛亭琐记》中所谈的清末掌故，属于耳食之谈的实在不胜枚举。就以这一条曾文正公的掌故来说，就错得十分离谱。曾国荃攻克南京，时在同治三年之六月十六日戊戌。曾国藩当时驻节安庆，其同治三年六月十八日之日记云："三更三点，接沅弟咨文，知金陵于十六日午刻克复。思前想后，喜恼悲欢，万感交集，竟夕不复成寝。"二十四日，曾国藩由安庆启程前往南京实地视察克城后光景，并主持善后事宜，至七月十九日仍回安庆。由这些行动纪录可以知道，如果贺宏勋果曾于南京克复之次日由江西解饷到南京，则当时曾国藩并不在南京；如果解饷到达之地点是安庆而非南京，则曾国藩得知南京克复之喜讯乃在南京克复的两天之后，并非南京克复之翌日。至谓曾国藩当时"方封侯，行即入相"云云，亦与实际状况颠倒。因为曾国藩之由两江总督进秩协办大学士，乃是同治元年正月间的事，至南京克复之后方被封为一等毅勇侯，则是先拜相而后封侯，并非先封侯而后拜相。《铁笛亭琐记》将这一层关系弄颠倒了，更足以证明其记述错误。不过，这种错误都还不算十分荒唐，最荒唐不过的，莫过于贺宏勋这个人与曾国藩之间的实际关系了。

贺宏勋何许人？《湘乡曾氏文献》第四册所收同治元年两江总督衙门的"同官册"中载有其人之履历，录之如后：

> 现官江西候补县丞贺宏勋，年二十六岁，系湖南省浏阳县人。号耘苓，行三，现住县城东门内梅花巷。向随胞伯直隶无极、完县任所办理书启事件。咸丰十年，由监生报捐今职，于十一年六月二十三日到省。旋奉江西总理粮台李宪委解军装赴东流大营投交，当蒙宪恩留营差遣，现在善后局当差。家世（略）。同治元年六月十五日。

此一同官册贺宏勋履历的空白栏内，尚附有曾国藩对此人的评语，是"聪明、谨慎、有条理。矮肥团脸，精乐器"。以这些资料与《铁笛亭琐记》所说相参证，可以得出如下各项结论。

一、贺宏勋的前程只是一个捐班的候补县丞，并非候补知县。县丞未加捐知县，依理不能署理县缺。

二、他早在咸丰十一年时就因解送军装到曾国藩的东流大营而被曾国藩所留用，不可能再在同治三年六月时由江西解饷来到金陵。

三、既没有“大功告成而来贺”的事实，当然更不可能由曾国藩之推荐，到江西去署理临川县的知县。

根据以上各项所得到的总结，则是《铁笛亭琐记》中的这一段记载，完全是缺乏事实根据的向壁虚构之谈。其来源则由于曾国藩营中确实曾有“贺宏勋”这么一个人，恰好为好事者提供一个编造故事的机会。

“以名姓为巨公符瑞”之说，宋真宗朝的宰相丁谓曾有此故事，说见宋人袁褧所撰之《枫窗小牍》。此书中说：

> 丁谓倾意以媚莱公，冀得大拜，然事未可必。生平最尚禨祥，每晨占鹊鸣，夜看灯蕊，虽出门归邸，亦必窃听人语，用卜吉兆。时有无赖于庆，贫寒不振，计且必死冻饿，谋于一落第老儒。老儒曰：“汝欲自振，必易姓名，乃大济耳。幸无忘我。”庆再拜而听之。老儒遂改于为丁，易名宜禄，使投身于谓。谓大喜，收之门下。皆怪问之，谓不答，第曰：“吾得此人，大拜必矣。”不旬月而谓果入相，此人遂以宠冠纪纲，虽大僚节使，无不倚藉关说，不逾年而宜禄家十万矣。老儒亦以引见，竟得教授大郡。至今相传，不解所谓。顷偶读沈约《宋书》云：“宰相苍头，呼为宜禄。”宜禄复姓丁，愈惬所念。莫谓晋公眼不读书也。

丁谓在拜相后封为晋国公，故而“丁晋公”即是丁谓。丁谓因为热衷拜相而录用了这个改名为“丁宜禄”的家丁，果然得遂拜相之愿，因此使人相信，符瑞之说确实大有道理。如今“贺宏勋”之名恰好含有“大功告成而来贺”的意义，而曾国藩又恰好曾有平定太平天国之伟大勋业，于是就为好事者提供了这么一个编造故事的机会，说穿了其实不足一笑。不过，《铁笛亭琐记》既以林纾的大名而被人相信为一部有价值的掌故书，实在不应该窜入这一类传闻附会的耳食之谈。准此例以概其余，《铁笛亭琐记》之所以真赝杂出，良莠不齐，大概便是由于采择不精的缘故吧。

# 曾国荃的“海上方”

曾国藩以湘军削平太平天国之乱，战功最著者乃其前敌指挥官曾国荃，也就是曾国藩的九弟。关于曾国荃的血战之功，历史家和掌故家都已说得太多也写得太多，这里只打算谈谈关于曾国荃的一件“漏网”趣闻。

在赵烈文所写的《能静居日记》中，记有曾国藩、赵烈文谈到曾国荃的一段话。时间，是同治六年的九月初十日；地点，是在南京的两江总督衙门。那一天，曾国藩谈到曾国荃行事笨拙，在家乡多招怨怒，造屋则被人讥为盖庙，买田虽比正常价格多出许多，依旧贻人口实。最后就谈到了曾国荃在长沙大买人参，致被曾国藩笑为“海上方”的趣闻。抄录《能静居日记》的原文于后：

> 师曰：“此理诚是，然如舍弟，亦太拙矣。忆咸丰七年吾居忧在家，劼刚前妇贺氏，耦耕先生女也，其生母来视之，并欲购高丽参。吾家人云：‘乡僻无上药，既自省垣来，何返求之下邑耶？’对曰：‘省中高丽参已为九大人买尽。’吾初闻不以为然，遣人探之，则果有其事。凡买高丽参数十斤，临行装一竹箱，令人担负而走。人被创者，则令嚼参，以渣敷创上。亦不知何处得此海上方。”余大笑，曰：“沅师举动，真英雄不

可及。书之青史，古人一掷百万，奚以过之?”

曾国荃在长沙买尽全城的高丽参，是因为他相信一种偏方——作战受伤之将士，只要将高丽参嚼烂后敷于伤口上，即可有治疗之功。而曾国藩不信此说，遂讥之为荒诞不经的“海上方”。殊不知道，高丽参可治金创之说，确实渊源有自，并非天方夜谭式的神话。

在清朝嘉庆年间平定白莲教匪战功第一的罗思举，其出身本是当地的盗贼，后因从军立功，战绩彪炳，而积功升至一品秩衔的提督，俨然一代名将。根据罗思举的年谱所说，嘉庆三年时，经略大臣额勒登保、参赞大臣德楞泰及各路统兵将帅，合兵二十余万，围攻匪首罗其清于鸡山，前后历时六个多月，始终无法攻破，各领兵大臣均焦急异常，商量调罗思举前来帮忙。此时的罗思举，只不过是一名督带乡勇协同官兵打仗的“千总”而已。由于罗思举前此在邻水、达县等处打仗受重伤未愈，不能前往，四川总督勒保即用八百里马牌谕令地方官速备夫马，将罗思举带伤送至额勒登保大营。到了那里一看，罗思举确实负伤未愈。德楞泰就对他说：“现有皇上颁赐之极好高丽参在此，先赏你四十枝，你可将参研成粉末调为糊状，敷于伤处，另以数枝煎服，连治五日，保证可愈。”罗思举如言调治，五天之后果然伤口平复，可以打仗了。据此所云，则高丽参可治金创之说，在清代军中早已有此“发明”，曾国荃在长沙大买高丽参，亦是承袭此说而来，目的无非在解决战场上的伤患治疗问题而已。赵烈文称之为“英雄举动”，确实不错，因为高丽参太贵，一买几十斤，当然非大手笔的英雄举动不可。

此外，根据掌故名家唐鲁孙先生的说法，“人参可治金创”之说，似乎也确实有其事实的。

唐先生生前写过一篇《谈谈老山人参》的文章，其中说到，1946 年热河北某煤矿矿警中队长李中权受伤，一颗子弹穿胸而过。当时有一位云南籍的矿警，掏出一块黑黝黝的东西来，咬下一半嚼烂，敷在李中权的伤口上。等到李中权被送到医院救治时，时间已经隔了二十多小时，伤口居然已经止血消炎，完全没有危险了。问他给李中权敷上的是什么东西？据说是产自云南野人山中的乌参。云南白药之所以会是最好的伤科圣药，据说就是因为其中亦有乌参之故。乌参既能治疗枪伤，比例而推，高丽参可以治伤之说，当然亦不是毫无根据的了。

无论古今中外，作战受伤之人最怕耽误治疗时间。一旦伤口因时间拖延太久而致感染细菌，发炎溃烂，小伤可变大伤，大伤就非死不可。高丽参如能及时发挥消炎止血之功，于日后之治疗必更易于奏功。由曾国荃大买高丽参之事，可以看出他对所部将士的关爱之情，非比寻常。然则他所统率的湖南弟兄，之所以能拼死杀敌，卓著战功，与曾国荃的成功领导大有关系，在这些小地方正可看得出来。

# 李鸿章出将入相

李鸿章在清朝末年号称为国之重臣，以文渊阁大学士的“首辅”身分，出任直隶总督，为疆臣之领袖，位高爵尊，文武兼资，功名勋望之隆，一时无双。明清二朝的“大学士”，即是当代的宰相，古人所谓“出将入相”，李鸿章殆可当之而无愧。尤其难得的是，李鸿章的功名富贵，较早时完全靠他由真刀真枪中搏斗得来，实在太不容易。

根据赵凤昌撰《惜阴堂笔记》中的“合肥轶闻”一条所说，李鸿章早年，以翰林院编修的身份在故乡办理团练时，某一次出战败绩，狼狈逃回本团。时已过午，团中居民已逃走，李鸿章尚未得食，饿极。入一宅，不见一人，厨房中正有热饭。当即翘一足踏于灶缘，一手揭锅盖而一手持碗，直往口中送饭狂咽，既无一菜，亦不暇觅箸，真所谓是“饥不择食”。当时与他一同打仗逃命的某弟兄事后回忆说：“此时但见赫赫之中堂地位尊贵，岂知当时有此狼狈光景?”这一段记事如此亲切有味，可以想见李鸿章当年以性命从事搏战，不但艰难困苦，而且危险之极。后来他统率淮军在上海附近与太平天国大军浴血奋战，其光景亦相仿佛。

咸丰十年至十一年，太平天国的忠王李秀成乘踏破清军江南大营之余威，率大军席卷江南的苏松常镇及杭嘉湖等完善之区，苏南浙西，全告沦陷，一时之间，满清政府对太平天国的征讨局面，形势顿告逆转。幸赖曾国藩的湘军采取稳扎稳打的战略步步为营，著著进逼，方才逐渐稳定下来。在长江中游方面，曾国荃攻克安庆之后，沿长江顺流而下，逐渐进逼金陵。在长江下游方面，清军尚保有上海一隅之地，正可与由西向东进攻金陵的曾国荃军互相配合，以收东西夹击之效。适在此时，上海士绅赍重金赴曾国藩的安庆大营请求援师，曾国藩因命李鸿章回乡募军，由安庆乘轮船东援上海，先巩固上海方面的安全，然后徐图发展。在此以前，李鸿章一直只在曾国藩军中作幕僚，没有自由发展的机会，此时可以独当一面，当然需要豁出性命来大干一番。因此乃有后来的虹桥大捷。

虹桥位于上海之西面，正当苏州松江之来路。李鸿章所统率的淮军七千人抵达上海后，派遣开字营统领程学启率军一千五百人驻守于此。太平天国军数万来攻，李鸿章急分兵往援，反为太平天国军全数裹入围中，昼夜苦战，两日不通信息。到了第三日，李鸿章一面檄调驻防浦东的李鹤章营赴援，一面督率自已统率的亲军营冲入围中紧急支援。敌军见主将入围，围攻愈急，形势十分危殆。相持数时，李鸿章见东南角敌旗忽乱，知李鹤章的援兵已至，遂亲执桴鼓，督率将士开围夹击。诸将勇气百倍，士卒用命，太平天国军当不起狼虎一般的淮军前后夹击，全军溃败，斩馘千余，逐北数十里。至夜间，敌军乘夜前来劫营，不利败退，李鸿章下令开营追击，又大获全胜，敌军积尸如山。在此一战役中，淮军以三千人大败太平天国军十万之众，意义非比寻常。出师以来的首战就能旗开得胜，大获全胜，不但证明了淮军之勇敢善战，也说明了李鸿章此后的军事事业，正如日方升，前景十分美丽。

当淮军由安庆乘外国轮船初抵上海之时，头戴竹笠，足登草履，身上穿的则是裤脚松散的粗布衣服，其形状十分粗鄙朴陋，大为当时防卫上海的洋人部队所笑。李鸿章说："军队要能打仗才有用处，光是服装鲜美有什么用？别看不起我们是乡巴佬，等打完仗后再来笑吧！"不久，淮军即有虹桥之大捷，以三千人大破太平天国军十万之众。这些作壁上观的洋兵洋将本来对太平天国军存有畏惮之心，如今亲眼看见这些不起眼的乡巴佬居然把十万敌军打得落花流水，不由得不心服口服。据清人陈其元所撰《庸闲斋笔记》说，虹桥战役结束之后，陈其元趋谒淮军统帅李鸿章，于称贺之外，顺便向李鸿章进言，说"大人身为主帅，当以持重为先，不可轻冒锋镝。万一为敌人之飞炮所中，罗忠节公之殉难往事，可鉴也"。所谓罗忠节，即是湘军名将罗泽南，每战皆身先士卒，亲涉险地，终于在咸丰六年围攻武昌之战中为敌人之飞炮所中，当场阵亡，故陈其元以此为言。李鸿章慨然说："虹桥战时，情况已十分危急，惟有主帅亲临前线督战，方能激励士气，奋战却敌。若非如此，恐怕后来的结果就不可知了。"由此更可说明，当年他以翰林院编修在安徽督办团练时，每次出兵打仗，都是这样身先士卒，躬冒矢石的。军中将士因此给他加上一个外号，叫做"武翰林"。这当然是弟兄们对他开的玩笑，因此他亦同他们开玩笑，说："翰林向来只有文的，哪来的武翰林？你们不如叫我'文虾'，倒比较合适。"满洲语称皇帝的侍卫为"虾"，当侍卫当然要会武艺，所以向来都以武职官充任。李鸿章虽然出身翰林，居然亦能帕首靴刀，结束上阵，以真刀真枪与敌人争胜负于战场上，这"文虾"之称，倒确实比"武翰林"合适多了。

翰林出身的李鸿章，统率淮军东征西讨，平洪杨、平捻，卓著战功，因此得以封侯拜相，位极人臣，足够资格被称为"出将入相"的文武全才。然而十分料想不到的是，这出将入相之美名，到后来竟被用到一个十分不妙的地方，实在使李鸿章为之啼笑皆非。这也是一个大可一谈的趣味掌故。不惮辞费，亦将它在后面介绍一番。

在周君道所撰的《伪满宫廷杂忆》这本书中，曾将曾国藩之孙曾广钧所述李鸿章轶闻，摘录了若干有关李鸿章家庭生活的掌故。其中一项说，李鸿章之原配夫人死后，另娶安徽赵状元之女为继室，年龄远小于李。赵夫人能诗能文，尤其写得一手好字，其时李已封侯拜相矣。花烛之夜，李戏称其夫人为“黄毛丫头”，夫人无言，李以为易与也。李素好偷香窃玉，早与某佣妇有染，每于赵夫人熟睡后潜往某佣妇居处偷情，其出入均翻窗而过。如是者多次，赵夫人似均未觉，李殊心安。某夜，李又至佣妇室外，正待翻窗而入，忽见窗上粘有一纸，大书“出将入相”四字，细视之，正是赵夫人之手笔，乃大惊折回，以为东窗事发，将不免一场风波矣。孰料赵夫人若罔闻知，依旧安寝如故。但自此之后，每逢夫妇之间发生争执，或李鸿章大发老爷脾气，赵夫人就会喃喃轻念此四字，曰：“出将入相，出将入相……”李鸿章一听到这句话，就噤口不敢则声了。其收效之速，竟比唐僧用来对付孙悟空的紧箍咒语还要来得有效。世俗相传李鸿章惧内，其出典在此。李鸿章一生功勋彪炳，想不到这个可以用来标榜他毕生事业的“出将入相”四字美誉，最后竟被用在这里，实在太匪夷所思了。

# 张文祥刺马案疑云重重

## ——清末四大奇案之一

### 问官含糊了事

清人李孟符所撰《春冰室野乘》云："张文祥刺杀马新贻一案，当时问官含糊了事，以故事后议论蜂起，大抵皆谓马新贻渔色负友，张文祥为友复仇。近人且以其事演成戏剧，几乎铁案不可移矣。"所谓"问官含糊了事"，意指此案自发生以至审结为止，始终不曾问出确实的内情，最后问官乃以"张文祥尝从粤匪，复通海盗。新贻抚浙江，捕杀南田海盗，其党多被戮，妻为人所掠。新贻阅兵至宁波，呈诉不准，以是挟仇。无他人指使，请以大逆定罪"，奏报结案。这样的狱辞当然漏洞百出，稍加研究，便可知道其中充满了矛盾牴牾之处。邓之诚《骨董琐记》论此云：

今观原供，罅漏甚众，实未得真情。文祥处心积虑，谋之数年，始获一逞，且被获时有"养兵千日，用在一时"之语，必有所为，岂区区资助之龙启云足以当之？至呈控不准，目为挟嫌，无论其事甚小，与复仇相较，轻重不伦，即文祥尚不杀诱逃之吴炳燮，而谓必欲杀不准词讼之巡抚，有是理乎？

就以邓之诚所举的这几项论点而言，即可知道，官方所宣布的张文祥“刺马”动机，实在太荒唐离谱，既不能自圆其说，当然不能取信于人。于是，所谓马新贻“渔色负友”故事便有其活动之空间。张相文《南园丛稿》中《张文祥传》，不但绘影绘声地详细说明马新贻最初如何在剿捻作战时兵败被掠，藉捻匪头目张文祥、曹二虎、石锦标三人之助而得逃回，此后马藉此三人之战功建立其自己之地位，由知府、监司、藩台，而直升至巡抚、总督。但后来却占夺了曹二虎之妻，并害死了曹二虎。为了报此“渔色负友”之仇，张文祥不惜与马新贻绝交，隐姓埋名，苦练刀法，在跟踪数年之后终于获得机会，一举刺死马新贻而完成为友报仇之义行。在此传记之后，张相文还有一段按语，说明他写在这篇传记中的资料绝对可信。按语说：

> 余以光绪戊子岁始游金陵，僦居信府河胡翁家。翁年六十余，故上元县小吏也，当文祥就鞫时，翁亲为录供，时与余闲阶列坐，谈当日情事，目忆手揣，历历如绘，余固已心识之。其后读诸家记载，则言人人殊，莫衷一是。然较而论之，大抵出于社会者皆与翁言合，出于官家者皆与奏章合，所谓官样文章者乎？呜呼！第以官样文章论人，此二十四史中所言多诬罔而不可尽信也夫！

## 张文祥供词前后颠倒

张相文说，他记述马新贻渔色负友的故事来源，得自上元县故书吏胡某之口述，而胡某更是当时为张文祥记录供辞的问案参与者，故其所述绝对可信。这话当然不错，但却不一定完全正确。因为胡某即使在当时确曾听到张文祥如此招供，但张文祥的供辞是否完全可信，却无人可为证明。关于此一问题，目前即有两项事实可以让我们有理由作如此之怀疑。

第一，是张文祥不曾被刑讯。薛福成《庸庵笔记》卷四："方文祥之被执也，江宁将军魁玉诘问主使。文祥张目答曰：'我为天下除一通回匪者。'盖以马公先世出于回教，故诬之也。及星使至，与承审官员先后熬问，文祥终无一词，或时为夸谩不逊语而已。或劝刑讯，星使以文祥重犯，尚未正典刑而瘐死狱中，谁执其咎？故始终不敢用刑。定案之日，孙观察衣言，袁观察保庆皆以承审大员不肯画诺，以未刑讯故也。"此所谓"星使"，当指奉旨专程前来江宁与两江总督曾国藩一同复审此案的刑部尚书郑敦谨。

第二，是因为问官既因有所顾忌而不敢用刑，张文祥遂可肆无忌惮地恣意妄言，以致问官始终无法藉长时间"熬审"达到问出真正内情之目的。邓之诚《骨董琐记》云："江宁将军魁玉奏报马新贻被刺身故，言：当即饬令藩司梅启照等督同府县提讯。该犯语言颠倒，坚不吐供。再三研诘，始据供系河南人，名张文祥，而讯其行刺之由，则一味闪烁，毫无确供。"所谓"一味闪烁"，殆与上文所谓"或时为夸谩不逊语"同一意义，即忽东忽西，忽此忽彼，皆为支离妄诞之谬说而已。《清稗类钞·狱讼类》记张文祥刺马案，谓张文祥先后之供词有三种，一为回匪说，一为渔色负友说，一为海盗说，究竟孰真孰假，或竟无一可信，无从知悉。

将前述三种供词内容加以研究比较，"回匪"说当然是明显的诬蔑之辞，无人能予相信。"渔色负友"说则听来颇合情理，所以能有较多之人信以为真。但薛福成却说："方狱急时，余在金陵，颇加意访察此事"，"谓涉及帷薄事者，尤大谬不然。"（《庸庵笔记》）语气之间，似乎以为此事根本毫无根据。而且张相文虽然引据了上元县故胡姓书吏之言，指证历历，但在《清鉴纲目》

卷十二中所记述的马新贻渔色负友故事，与马新贻义结金兰，后来又被夺妻害命的捻匪头目，却又不是曹二虎而是一个名为“彭某”之人，石锦标则根本不见踪影。同为马新贻渔色负友的故事，又何以会出现当事人姓名完全不同的两种版本？由于这种重大差异，很可以使人怀疑，那或者真是张文祥信口胡诌的谎言，实际上根本没有这种渔色负友的故事。只是，由于这种故事颇能针对人们好奇心的缘故，到后来不仅流传甚广，并且有人编成整本的连台新戏在上海租界里公然上演。于是，这故事便如李孟符所说，几乎成了不可移的铁案一般地深入人心了。

## 马新贻因渔色负友遭刺

王闿运《湘绮楼日记》同治十年二月二日记云：“尚哉云，郑尚书已刑讯张文祥，作海盗定案。”又，同治十一年九月十七日记云：“无若郑尚书屈杀张文祥也。”此外则张相文《南园丛稿》亦曾引据原任安徽巡抚乔松年所撰七律一首中之末二句云：“群公章奏分明在，不及歌场传写真。”所谓“歌场”，即指上海租界中扮演张文祥刺马案的新戏。王闿运写在日记中的话与乔松年的这两句诗，向来被谈论张文祥刺马案者引用为“马新贻渔色负友”说的证据，以为有学问如王闿运，官高爵尊如乔松年者尚且作如此之说，马新贻之确实渔色负友而遭张文祥刺杀，当然绝对不错。但如我们换一个角度看，这两人所说的话，如果把它们看作是因不满意官方“含糊了事”而来的反对态度，毋宁更为合适。至于说，当时是否亦曾有人公然表示赞同“渔色负友”之说呢？答案当然是有的，不过这其中还有其他的变化，更值得加以注意。

孙雄《眉韵楼诗话》说：“荷泽马端愍公新贻任两江时，突被张文祥刺死，来歙、武元衡之祸，至端愍而凡三见，其原因所在，颇滋异议。朝廷因重臣被刺，特派刑部尚书郑敦谨严加讯鞫，终莫得主名。周自庵先生寿昌有诗二首，见《思益堂集》。顷读善化许雪门观察瑶光七古一首，持论颇为平允。爰并周诗同录于后，亦究心掌故者所宜知也。”周寿昌字荇农，湖南长沙人，道光二十五年进士，累官至内阁学士。他所写有关马新贻被刺身死的两首诗，前后持论相反，乃是最使人觉得怪异的地方。前一首云：

> 一昔狼星殒石城，扶风恶耗使人惊。虎牙未听呼来歙，犊鼻翻令误马卿。磨刃廿年贻祸水，饮章万口溢冤声。诸公莫作元衡例，斟酌崇祠与易名。

武元衡是唐宪宗时的宰相，因赞同皇帝降旨讨伐淮、蔡之叛，致为节度使王承宗所派的刺客暗杀。所以唐宪宗在痛悼之余，对武元衡的赠恤之典甚为优厚。此诗虽亦以盗杀来歙武元衡之前事为言，却以为张文祥为友报仇而被处重刑，万口腾冤，马新贻决不可援武元衡之例建祠赐谥，从优抚恤。由此可知，周寿昌亦是赞成马新贻渔色负友之说，而将张文祥视为侠义人物的。这种态度，在他后来另写第二首诗时，却又有了一百八十度的转变。其广义地说题曰：“前作一昔诗，后晤勒少仲方锜，知其说全诬，又作此。”诗云：

> 人事百年真出世，谁知定论死犹无。重臣已被元衡祸，谤语几罹永叔诬。泣到遗民知惠政，荐从贤相识通儒。流言惑听惭非智，况是千秋被史愚。

## “渔色负友”之说全诬

在这一首诗中，周寿昌不但承认他过去因偏听流言而几乎相信马新贻因帷薄不修而遭横死，而且对马新贻的态度也由轻视转为崇敬，彼此之间的差异极大。所以然之故，显然是由于勒方锜的言谈使然。勒方锜字悟九，号少仲，江西新建人。由道光二十四年举人历官监司，曾任福建、贵州二省巡抚及东河河道总督，在清朝末年亦是独当一面的封疆大吏。关于他与周寿昌的这一段交往关系，郭则沄《十朝诗乘》中亦曾经提及，录之如下：

> 马端敏遇刺，凶犯就获，讯之无确供。或谓马本回族；既贵而叛之，故彼族挟憾以逞。或谓穷交蓄怨，相伺已久，迫而出此。又或谓马据其妻，遇害后，其姬亦自经死。究皆臆测之论。周荇农阁学初闻流言，为赋诗云云。嗣晤勒少仲河督方锜，知其说全诬，又赋一诗云云。其时少仲同在江南，所言自堪传信。

勒方锜在光绪初年曾任江宁藩司，时间上相去马新贻被刺之时不远，郭则沄说他“其时同在江南，所言自堪传信”，当系指此而言。就事理而言，如果马新贻果有“渔色负友”之事，只要留心检阅各种相关的文书档案，必定可以寻得与此案有关的人证物证。例如曹二虎、石锦标，假如真的确有其人，又确实是从捻匪头目招降为官军武弁，则以当时时间距离之近，从各种文移奏报及奏销册中必定可以查到其人之姓名及事实；如果曹二虎确因通捻之罪名由藩司马新贻禀请巡抚处斩，则张文祥之因马新贻渔色负友而矢志报复，便是证据确凿的事了。

“张文祥刺马”案在当时轰动江南，事后必定会有人留心检查这方面的档案资料，以求查明真相。如果检查的结果竟毫无踪影，而“渔色负友”故事中的受害人究竟是曹二虎还是彭某也无法确定的话，当然可以间接证明整个故事只是莫须有的谎言了。谣言谤语，在开始传布之时，也许会因内容之新奇刺激而使许多人感到兴趣，但在时间相隔渐久，并没有进一步的证据可以为此故事作补强作用的话，人们必定会逐渐了解到此故事其实只是凭空虚构的谎言，不能信以为真的。勒方锜之所以能知道马新贻渔色负友故事“其说全诬”，想必便是由于此一理由；周寿昌之所以能接受勒方锜之观点，想必亦是由于他认为勒方锜具有充分有力之证据，足以使他产生信心之故。既然如此，则马新贻“渔色负友”之说，在经过了一段不短时间的考验之后，终于获得澄清，亦应该是无可怀疑的了。

## 恩怨纠结不清

孙雄在《眉韵楼诗话》中所提到的许瑶光诗，原文甚长，不便照抄，故从略。其诗中历举同治八年八月十七日山东青州府知府王汝讷在祭龙神庙时为营兵杨连城所杀，同年三月初六日甘肃提督高连升为部兵所戕，及同治九年二月三十日嵊县知县厉思忠为贼杀尽全家等事，说明在同治八、九两年之间，全国各地的社会秩序普遍动荡不安，其原因似与大乱之后纪纲废弛、民生困苦，人心浮动等社会因素有关。

犯上作乱的风气既如此盛行，则马新贻之被刺，或许便与这因素有关连。孙雄说许瑶光之诗“持论颇为平允”，所指或即在此。马新贻早年服官皖北，这地区在咸丰、同治年间，一直是太平军、捻匪、民团这三种武装力量争战不休的军事地带，地方情形极为复杂混乱。马新贻以一个“即用知县”被派到这地区来，在一段不太长的时间内就能崭露头角，由知县、知府，道员而升至藩司，显然很不简单。如果他在这段时间内曾藉某方面的奥援而得跻此高位，其后又因某种不可知的原因而彼此结怨的话，就可能因恩怨纠缠而招来对方的报复。关于这一层，文廷式《知过轩随录》中的话很可注意，转录如下：

> 梅小岩河督为余言，张文祥刺马端愍一案，查奏之言，无不实，有不尽。张佩绪知府云："余少依端愍在浙时，与张文祥同居一室，熟识其人。此事余知之甚详，不能言也。"又云："此事牵涉李世忠，张文祥实为人报仇，非己之仇也。"佩绪丰润人，佩纶之弟，其父乃新贻之师云。

梅小岩即梅启照，在刺马案发生时官居江宁藩司，奉命督率江宁知府及上元、江宁二县知县严审张文祥，对此案的了解程度远胜于张相文所认识的上元县故书吏胡某。梅启照说，有关此案的查奏之言，只有不够详尽之处，而并无虚假不实，则不仅可以证明"渔色负友"故事之虚诞，亦可证明官方所公开的此案狱辞并不完整，其中还有很多重要的部分问不出来。

## 李世忠扮演关键角色

这问不出来的重要部分，虽因张文祥之坚拒透露而无法知悉，但毕竟还是会有人知道的。例如当马新贻在浙江作巡抚时，曾为马新贻食客的张佩绪，就曾因与张文祥同住一室之故而得知张文祥所告诉的秘密。照张佩绪的说法，张文祥确系因代人报仇而刺杀马新贻，不过所报之仇系与李世忠有关而无所谓曹二虎。"马新贻渔色负友"故事中的曹二虎，死于马新贻在安徽作藩司之时，其后张文祥就因立志为曹报仇之故而与马新贻绝交，浪迹天涯。但张佩绪却说，张文祥在马新贻作浙江巡抚时还曾与他同居于抚署中之一室，则渔色负友故事究竟荒唐到何种程度，读者当亦可以想像而知了。

张佩绪所说的李世忠，乃是僧格林沁主持剿捻战争期间的清方大将，官至提督，且战功甚著，只是其性格残忍横暴，故最后仍遭处死刑。李世忠因对捻匪作战之故而长时间活跃于皖北地区，与马新贻显然有深厚的地缘关系，他们二人之间究竟有何恩冤纠葛而到最后必须出以暗杀报复的手段？这是很值得探究的一个课题。假如能有足够的研究资料，也许这会是探寻马新贻被刺原因的正确方向吧！

# 慈禧母家与清末银库亏空案

## 慈禧早年的传说多矛盾难信

清朝末年的慈禧皇太后，是一个传奇性的人物，迄今为止，有关她的传记及小说多至数十种，而且还在继续产生之中，可称洋洋大观。但即使已有那么多的传记及小说，有关慈禧的早年事迹，似乎仍充满了迷雾，始终教人弄不清其中的真相究竟如何。

不必多举其他太多的例证，就以野史中流传最广的《清朝野史大观》而言，记载在《清宫遗闻》部分的慈禧生父惠征究竟官居何职，就有一安徽省徽宁池太道，二湖南副将之二种歧说。又说因惠征久官江南之故，慈禧亦因“生长南中”而具有江南女郎的明慧气质，不但慧黠嬛艳，而且善唱南方小调，最后终于使她因为有此特殊条件而为咸丰帝所喜爱，宠冠后宫。这些资料看来十分动人而可信，许多种传记及小说因此用为写作之根据，将它变成了慈禧早年历史的主要成分，然而其中却不乏明显的矛盾与牴牾。

所谓“徽宁池太道”，清朝的官方正式称谓应是安徽省的“宁太池广道”，管辖宁国、太平、池州三府及广德一州，兼管芜湖关务，驻芜湖，是官阶正四品的文官；至于“副将”，则是官阶从二品的武官。惠征在清史上无显赫之事功可言，既不可能由文改武，亦不可能由武改文，所以这两种说法必有一误。而《清宫遗闻》中的“满洲姑奶奶”一条又说，慈禧幼年时居于京师，常常提著篮子上街买菜，东城某油盐店的老板与之谂熟，最喜欢用粗笨的大手戏捏慈禧的鼻子，还取笑地问她愿不愿意嫁给他作小老婆？假如这一条资料亦有其可信价值的话，则所谓“生长南中”之说又显然站不住脚了。凡此种种，已尽够使人感到目迷五色，眼花缭乱了，而见于《慈禧传信录》及《旧京杂记》中的一项记载又说，慈禧幼年时常到刑部大牢探视其家人。比较慈禧早年的各项传说，这一项说法不但显得十分突兀，而且与前述种种俱有无法调和之势，看起来最使人无法了解其中之道理。

孙雄所撰《旧京杂记》卷四“宫闱类”的掌故轶闻，有一条关于慈禧的早年轶闻说：

> 孝钦先世，盖尝有因罪系刑部狱者，其幼年时曾往南所（原注：“即刑狱”）探视，故地方甚熟。友某以提牢任满召见，询监所状况甚悉，且知其情弊。友露惊讶色，孝钦徐曰：“此余所旧游地也。”

慈禧太后如果真的是“生长南中”而且一直随同其父宦游在外，不但根本不可能被油盐店老板捏著鼻子戏弄，也更不可能常到刑部大牢去探监，除非根本没有所谓“生长南中”之事。然而，野史传闻既言之凿凿地说她入宫之后是因擅唱南方小调而得咸丰帝之宠爱，则“生长南中”之说似又信而有征，而常至刑部大牢探监及屡遭油盐店老板调戏之说又无法成立了。这些不同内容的传说如此矛盾牴牾，在过去苦于无资料可以查证，实在使人感到无所适从之苦。如今由于档案资料之广泛被人研究利用，这些疑问终于逐渐澄清，说来实在可喜之至。

要知道慈禧“生长南中”之说是否可信，以及她是否常至刑部大牢探监，应先从慈禧母家的情况说起。至于她的上代为什么会有人被关在刑部大牢里？则又与发生在道光年间的银库亏空案有密切的关系。所以，追本溯源的办法，是最好从银库亏空案说起。

## 轰动一时的银库亏空案

所谓银库亏空案，在道光末年是一件轰动一时的大案子，其亏空银数之巨大，牵连人数之多，涉及层面之广，在当时均可称为空前绝后。慈禧母家世居京城又世代为官，其不免因涉及本案而陷入刑部大狱，本无足怪，所需要明了的是他们因为何种罪名下狱，以及陷狱以后所得到的处分重不重等问题而已。

清朝时的户部，其地位相当于今日之财政部。但财政部虽主管全国之赋税，所收得之税款却由银行专户存贮，出纳均有账目，不会让经手人有直接揩油的机会。但清朝的户部不但主管全国税收，还自己保管解入银库里的银子。储存在户部银库里的银子，经常有二三千万两之多。白晃晃的银子有哪个不爱，偷到手就是属于自己的财富，即使上级主管查察得十分严密，各色各样的侵盗机会还是多得很。而清朝政府自乾隆、嘉庆以后，纲纪日趋凌夷，上自王公贵戚，下至书吏杂役，人人都在钻法律的漏洞，自侵盗国帑以至鱼肉百姓，无所不用其极。道光朝的银库亏空案适在此一时期内发生，不但证实了清政之日趋败坏，也彰显了公务员漠视法律尊严之严重性，其内在意义十分危险。慈禧母家的上代祖先亦因涉及此案而陷身缧绁，间接证明了他们亦是一些同流合污的庸碌之辈，因贪多了不义之财而终于尝到应有的教训，说起来并无意外之处。

户部银库之最大漏洞有二，一是库兵在进出银库时的偷窃行为，二是银号与库兵及管库官员勾连舞弊，在交纳银子时以少报多，在银子还没有进入银库之前就被贪官污吏们吃掉了。道光朝银库亏空案之发生原因，以此。而此一亏空案之终于被发觉，也是因为舞弊之人犯了技术上的疏忽错误，以少报多的花样耍得太厉害了，以致被监督之人发觉其中弊端，终于因此而将整个案子都掀了出来。这其中的情形，可以分两部分来说明。

《清朝野史大观·清宫遗闻》卷二，有关于库兵偷银的记述。其中大意说，户部银库的管库郎中，是京师衙门中一等一的腴缺，三年一任下来，胃口大的可得银二十万两之多，即使廉洁自守，十万八万两也没有问题。自郎中以下的司库官及书吏杂役等，亦无不油水丰腴，而好处最大的则是出入银库负责搬运银子的库兵，因为他们可藉出入银库的机会偷窃库银，一年之中总可偷到数目不下一万两银子之多的缘故。

依照户部银库的管理规定，库兵进入银库搬银之前，必须将身上所着衣服完全脱下，赤身进入库房后换穿库中的工作服，停止工作时亦必须在库内脱光衣服，赤身出库换穿自己原有的衣服。在进库出库之前，还必须跨越库前的一条长凳，以拍手、张嘴、跳跃等动作证明没有手携口含等等偷窃库银的可能情形。防范如此严密，库兵怎么还有可能从库中偷出银子来呢？而据《清宫遗闻》“库兵肛门纳银”一条中的说法，他们所偷的库银，就是藏在肛门中偷运出来的。偷银功夫好的库兵，肛门中一次可藏十两重的江西圆锭十枚，共银一百两。一日中偷运三四次，就可偷得银子三四百两。一月间轮值搬银工作三次，一月中所偷得的数目就可有一千两之多，累积至一年，就是一万两了。清朝道光之时，白银一两可换制钱一千三四百文，可购白米一石以上，折合现时新台币的币值，一两银子总可值到新台币二千元之谱。准此价值推算，库兵一年的非法收入在一万两银子以上，换成新台币就可有二千万元之多，此不仅在当时是一等一的美差，在目前亦当是一等一的高薪。惟其因为如此，所以在当时要营求充当一名户部银库的库兵，非付出白银五六千两的活动费不能成功。这项活动费，在经过辗转请托之后，最后到达户部满尚书之手，经由此人之点派，出钱营求者即可被派充户部银库之库兵，开始其偷盗舞弊之图利生涯了。尚书为一部之长官，身为户部尚书，负有督率部属并稽察本单位各项业务之重大责任，如今居然在点派库兵之时接受其巨额贿赂，而并不追问其来源，岂非对库兵之非法利得为明显包庇徇隐？户部银库之终于不免要捅出极大的纰漏来，在这里已可看出明白的趋向。

在库兵偷银之外，当时银库的第二项亏空弊端，则为管库官员与库兵之间的通同作弊，在收受缴库银两之时以少报多及以低潮银色充数，彼此共同侵蚀分肥。关于这一层，骆秉章自撰年谱中就有最好的说明。

## 唯有骆秉章不肯同流合污

骆秉章，广东花县人，生于乾隆五十八年，道光十二年四十岁时中壬辰科第二甲进士，改翰林院庶吉士，道光十三年授职翰林院编修，十八年考选监察御史。二十年十月，奉派稽查户部银库。在他到任之后，户部的四位库官就向他公开说明，户部所收捐官银两，每一百两照例加收八两，其中的四两归入公项，二两归库兵，其余的二两则由查库御史及库官均分，每年约可各分二万余两。骆秉章当时表示，如果此项“陋规”曾经奏准，则我可以收受，否则分毫不敢收领。四库官说，即使阁下不收此银，我四人仍是照样收受。骆秉章就说："我生平不受人之挟制，不收陋规，目的在希望公事好办，你们收不收此银，我管不著。"过了几天，库官又请骆秉章去谈话，目的是希望骆秉章代带银号来库缴银，每年亦有一万多两的银子可得，亦被骆秉章拒绝了。又过了几天，有朋友李某来为各银号居间，问他肯不肯收受各银号的三节礼银及到任礼，一共是两万八千两银子。骆秉章当然亦拒绝收受。原来查库御史除了陋规之外，还有这种巨额的礼金可得。而且不仅查库御史而已，管库官员亦一律可有此项额外收入。但在收了这种陋规及节礼之后，库兵带同银号人员来库缴纳银子之时，查库御史与库官就不好秉公弹兑，依法查验了。通常的情形，无非是在银子过秤之时，由库兵在旁压秤舞弊，以便能将少报多，以及不挑剔成色不足的低潮银子之类，不但上纳的银号可以侵蚀大宗捐项，库兵亦可乘机朋分渔利。照骆秉章年谱中的说法，从前之收纳捐官银两由于银号与库官库兵之通同作弊，常有将六七百作为一千，甚至于竟有以四五百作为一千者，造成了库项之严重亏短。虽因骆秉章之拒收陋规、拒受节礼，及确实验收之故而防止了许多亏短之弊，其在此以前之亏短总是已成之事实，无可补救矣。何况查库御史一年一派，纵使骆秉章执法无私，其秉公查验的时间亦不过只有一年而已。及至骆秉章一年任期届满，查库御史另派他人，户部银库的亏短之弊当然又重新恢复了。再加上库兵偷银的积弊亦永久难改，如此相沿成习的结果，又何异厝火于积薪之下，迟早要爆发出极大的刑事案子来的。果然，到了道光二十三年的三月，户部银库的巨额亏空案终于爆发了。清人赵烈文所撰《能静居日记》中有关于此案之始末记述，颇为扼要，录之如下：

国帑有二库。内务府东茶库，藏参之库而实银库，以储各省关榷杂款，备上供。户部大库以储地丁各款正项，充国用。国初，管理三库事务大臣满汉并用。纯皇末年，或言于和珅，库款平余累积甚多，若请旨盘查，其正数外皆可取也。和从之而大获，于是旗人争谋其缺。至成皇帝，从宗室某人之请，不复派汉人管理，作奸犯科，奸弊丛起。库中大桶，每桶装银十万两者，至以方桌入桶内垫底。每届照例盘库，司员书役，均有分润。直至道光二十三年上有所闻，特旨清查库款，竟亏至九百九十余万，旗下诸大老无一人不经三库事务，皆当株连，合朝大恐。宗室某王言于上曰："自嘉庆初盘库无亏，直至今日而尽用旗人，系皇上即位后始改变成法。今王公大臣俱蒙污名，恐为圣德之累。不如普令嘉庆四年之后至今，凡管理巡查库务者责其分赔，此时姑免深究，以全国体。"上惑其说，从之。于是无辜勒缴，至去官数十年而忽遭赔累者，其舞弊之官，亦止照股摊赔，微谴不及。时王晓林为少寇，力言："内帑正项监守自盗至九百九十万之多，而以模糊了事，外省州县亏不过数万即被参处治罪，何以服其心，天下将无法矣。"面陈至三次，上曰："汝言甚是。"王出，次日遂外放。

上文所说的"王晓林"，即王植，道光廿三年十一月由刑部左侍郎外放为安徽巡抚，在时间上恰好与道光帝决定从宽处理银库亏空案涉案人员之处分案相配合，可证赵烈文所说确有其事实根据。而由赵烈文日记中的这一段记述亦可知道，道光帝之畏葸瞻顾，姑息养奸，正是造成当时朝中全体满洲王公大臣敢于公然攫取暴利，完全无视于纲纪法律的主要原因。银库亏空案的主从各犯，自王公大臣以至管库郎中、司库、书吏、及库兵，除了少数几个轮值的查库御史之外，几乎人人都是八旗子弟，人人都以户部银库为其侵吞渔利的对象，到头来却又可以"和稀泥"的方式罚缴赔款了事，完全不须负担任何法律责任。道光一朝的纲纪隳坏至此，当朝的皇帝实难辞纵容姑息之责。慈禧一家世为满人，他的曾祖父在嘉庆时曾官户部银库员外郎三年，亦是当时满人集体贪污案中的要角之一。慈禧母家之所以会在后来因罪陷入刑部大牢，即因追缴赔款一事而来。至于她的曾祖父是何名讳，陷身刑部大牢的究竟是他本人还是他的儿子？则在档案文件及嘉庆、道光二朝的缙绅录中俱有资料可查。

## 父祖仕履及涉案关系

近世史家整理清宫中的旧档，曾在《宫中杂件档》中发现一件慈禧之妹在咸丰五年参加挑选秀女时所开列的身家清单，其内容如次：

> 镶蓝旗满洲恩祥佐领下，原任道员惠征之女，年十五岁，辛丑年七月廿八日戌时生，那拉氏。原任员外郎吉郎阿之曾孙女，闲散景瑞之孙女，原任副都统惠显之外孙女，住西四牌楼劈柴胡同。

这一份秀女清单说明了慈禧的曾祖父名吉郎阿，祖父名景瑞。至于吉郎阿与景瑞的官职，则这一份清单上的资料虽说吉郎阿只是员外郎而景瑞只是闲散无职之人，而在另一份光绪十一年挑选秀女所开排单上的慈禧堂妹那拉氏的家世资料中则说，吉郎阿与景瑞的本来官职均是“原任郎中”。由于吉郎阿与景瑞二人在当时均曾官居郎中之职，进一步查考档案中与此有关的官职俸银册、京察官员名册及缙绅全书等项资料，即可明了此二人之出身仕履情形。今大致汇列如下：

吉郎阿——监生出身（嘉庆十一年《爵秩全览》）

一、乾隆五十年时，任内阁中书之职。（《乾隆五十年缙绅全书》）

二、乾隆五十一年，内阁中书京察三等。（《内阁汉文黄册》，京察三等官员册）

三、嘉庆六年，内阁六品中书任内京察二等。（《内阁汉文黄册》，京察二等官员册）

四、嘉庆九年，充军机章京。（梁章钜《枢垣纪略》）

五、嘉庆十一年时，任内阁侍读。（嘉庆十一年《爵秩全览》）

六、嘉庆十四年，调户部银库员外郎，十五年京察二等。（嘉庆十五年《内阁汉文黄册》，京察二等官员册）

七、嘉庆十八年，调刑部江苏司员外郎。是年京察二等。（嘉庆十八年《内阁满、汉文黄册》京察二等官员册，及嘉庆十八年《缙绅全书》）

八、在刑部员外郎任内病故，年分不详。（道光二十四年，《定郡王载铨查报银库亏空案内历年银库司员及查库御史姓名册》）

景瑞——监生出身（嘉庆廿五年及道光十七、廿四、廿五年《缙绅全书》）

一、嘉庆十八年时，任太仆寺笔帖式。（嘉庆十八年《缙绅全书》）

二、嘉庆廿二年至廿五年，任刑部堂主事。（嘉庆廿二、廿三、廿五等年《爵秩全览》、《缙绅全书》开载）

三、道光元年，题升刑部山东司员外郎，十一年升河南司郎中。十七年及二十年两次京察一等，奉旨记名，以道府用。道光廿二年四月廿五日吏部引见后奉旨：景瑞不胜知府之任，著回原衙门行走，京察一等注销。（道光廿二年吏部呈进之《景瑞履历单》）

四、道光廿四、廿五年时，仍任刑部河南司郎中。（道光廿四、廿五年《爵秩全览》）

五、道光廿七年五月初六日，因迟未赔缴亏空库款，奉旨革职，下狱。（军机处奏折）

由上文所引资料可以知道，慈禧之曾祖父吉郎阿在嘉庆十四至十八年时，曾任户部银库员外郎四年，但在调至刑部充任江苏司员外郎后不久即告身故，不知其是否曾升为郎中之职。至于慈禧之祖父景瑞则由笔帖式荐升为刑部司官后，一直在刑部任职。其间虽曾因两次京察一等而有外放为道府之望，却在引见之时被皇帝批定为“不适知府之任”，仍回刑部河南司郎中之职。不久，即因户部银库亏空案爆发而追究历任银库司员的“监守自盗”之责，吉郎阿虽然早在嘉庆年间即已身故，其应行摊赔的亏空库银，仍著落在时任刑部河南司郎中之职的儿子景瑞身上，责令按半数赔缴。根据军机处上谕档道光廿三年二月的上谕开载，吉郎阿历任银库司员任内应摊赔的亏空库银数目，是四万三千二百两。因其本人早已身故，应由其子孙代为赔缴半数，计银二万一千六百两。这一项应行赔缴的数目拖延了四年之久，时任河南司郎中的景瑞始终未能如限缴付，致于道光廿七年五月初六日为户部上疏参处，奉旨批复“革职监追”。至此，景瑞不但被革掉了刑部河南司郎中的官职，还得被关入刑部大牢中“监追”，如果拒不缴清，就得一直在牢中关下去。这应当就是景瑞因何事下狱，以及慈禧为何需至刑部大牢探视的答案了。慈禧出生于道光十五年，在道光廿七年景瑞被革职下狱之时，慈禧时年十三岁。至道光廿九年景瑞缴清赔款得释的那一年，慈禧十五岁。第二年正月，道光帝驾崩，咸丰帝继立，是为清文宗。又过了一年，亦即是咸丰元年时，慈禧即以秀女身分被咸丰帝选立为“贵人”，入宫为咸丰帝之妃嫔了。由此亦可知道，至少在景瑞被革职下狱，慈禧时常前往探监的数年之中，一直到被选入宫为止，慈禧始终在北京城中定居，与所谓“生长南中”之说很难扯得上关系。

## 捐纳出身之笔帖式世家

笔者前此曾根据道光廿四、廿五两年《缙绅全书》中的记载，查明慈禧之父惠征系“监生”出身。今由嘉庆十一年《爵秩全览》及道光十七年《爵秩全览》中之记载，知道惠征之父景瑞及祖父吉郎阿亦系监生出身。祖、孙三代之出身全为监生，看来亦甚为有趣。所谓“监生”，原是国子监肄业生员之简称，其创始起于明代，其身分应为贡入太学读书之“贡监”，及举人自愿入国子监读书之“举监”，至明代末年始有捐赀入学之“例监”。清朝中叶以后，捐官之途大开，凡是有志捐官而本身并无“功名”之人，如果希望循捐途入仕，必须按规定先捐为“监生”。然后再以监生资格纳赀得官。清人陈恒庆所撰《谏书稀庵笔记》中的“书吏之富”一条中曾说，六部书吏之富，莫如户部银库经承，其次则以国子监经承为翘楚。盖“自捐例开，捐官必先捐贡监，每年照费计数万金，官得其半，经承得其半，家故大富”。由此可知，慈禧母家曾、祖、父三代之所以皆为“监生”者，盖从捐纳而来，因为不捐监生则不能取得入仕资格也。至于捐了监生以后的出路又是什么？则由惠征及其父景瑞之出身仕履可以考见，其“捐监”之目的盖在经由捐纳“笔帖式”以为入仕之途。关于这一点，同为满洲人的国子监祭酒盛昱曾有一段慨乎言之的话，大可参看。他说：

> 八旗之人，不及汉人什佰分之一，八旗之京官乃多于汉人数倍，荒陋贪鄙，动为人笑。笔帖式，旗官之初阶也，近者乃不由学而由捐。黄口乳臭，目不知书，伺候堂官，有同奴隶。浸而升司官，浸而放道府，甚而长封疆，长台阁。内患之所由起，外侮之所由来，孰非此辈阶之厉哉？

盛昱虽然亦是满洲人，但曾读书应举，中光绪二年进士，授编修，入翰林，乃是道道地地的高级知识分子。他因目击那些“荒陋贪鄙”的八旗子弟仗着种族优势的便利，即使只是捐官的笔帖式出身，亦可以在短时间之内陟台司、长封疆，把持国家的命脉，终不免因其不学无术，而造成政治败坏而外侮凭陵的不幸局面，心中极愤懑不平，所以才会说出这一番痛心疾首的话来，读之诚可令人兴感。诸如此类之论调，尚可见于其他同时人之著述。如《清稗类钞》之论笔帖式云：“部有档房，一部之关键也。以司员为总办，帮办有堂主事，有笔帖式。笔帖式之分，曰委署主事，曰掌稿，曰缮折，曰牌子，所以供笔札，司收掌，任奔走，而实则学习部务，以备司员之选，分胥吏之权也。故列一等者，不三年，荐至员外郎、郎中而掌印矣。”又曰：“且微员中之似无足轻重而关系极重者，莫如笔帖式。虽堂官不甚重视，司官亦羞与为伍，彼亦自侪于书吏舆台之列。然三年大计，保列一等，不数年，题升郎官，掌印钥矣；又不数年，外任监司太守矣。”

笔帖式出身的满员，即使胸无点墨，一肚子草包，只因沾着满洲人身份的便宜，不但得官容易，升迁极快，而且很容易爬到掌握实权的高级统治阶级地位。比诸汉人之必须由读书应试之途中讨出身，求发展，方便得太多了。清光绪年间，有草包军机大臣之称的满人刚毅，就曾对汉人身分的某翰林说过这样的话：“你们汉人把翰林看得十分了不起，在我们满人眼中看来一点也不稀奇啊！内人日内即将生产，如果生的是儿子，生下地来就与老兄的资格一样，实在没有什么嘛！”盖因满洲人有“笔帖式”为其出仕之捷径，一旦年满十八岁，出二百银子捐个监生，再出一百多银子由监生捐笔帖式，其将来之一切升途，完全与汉人的翰林一样。然而汉人的翰林万中选一人，满人的笔帖式则差不多人人可当，所以无怪乎刚毅要有此狂妄夸大的口气了。而由此一端，亦可以看出，慈禧母家之先世，自曾祖父、祖父，以至其父惠征，可以说无一不是不学无术之人，亦可说是最标准的满洲纨袴世家。

## 腐败恶劣的满洲家庭

在满清时代，出身纨袴世家而又不知读书上进的八旗子弟，他们所擅长的只是钻营逢迎、交际应酬，他们所讲究的则是吃喝穿着以及趋跄应对之仪节，虽然作事颟顸糊涂，但对于贪污舞弊则又十分在行。看他们把持户部银库，上自户部尚书、管部王大臣，以至银库司员、库兵等等，无一不由满洲人包办其利益，就可知道他们攫利之工。慈禧的曾祖父出身监生，其间亦必定是由笔帖式荐升司员。等到他升至户部银库员外郎，而且一任四年的时候，他所攫取的贪污所得，已经十分可观了。由此而再以同样的方法为他的儿子孙子捐监生、捐笔帖式，不用多少年，他们又很快地步吉郎阿之后尘，由笔帖式而主事、而员外郎、而郎中。虽然慈禧之祖父景瑞在皇帝召见之时被剔除，致未遂外任之愿，慈禧之父惠征毕竟还是经由这一方式而升到了安徽省的宁池太广道兼管芜湖税关，俨然为监司大员的。究其实际，则仍旧只是一个不学无术的大纨袴而已。所以一旦遇到太平天国的大军由武汉蔽江而下时，惠征除了挟带大批公帑，携同妻子儿女离开芜湖逃命之外，更没有一点应付事变的能力。满清政府将国家大政交付给这一批腐败无能的满洲官员去执掌，如何不致遭致辱国丧师的下场。而后来贵为皇太后的慈禧，出身在如此这般的一个家庭里，当然亦必定会在耳濡目染之余，习惯于贪污营私、享受逸乐之生活的。慈禧一生，主宰晚清中国的历史达四十余年之久，而其思想行为所渊源的竟是这样一个腐败恶劣的满洲家庭，怎不令人为之叹息！

# 老宫女忆小李子

## ——清末宫廷红人李莲英

在有关清末的宫廷故事中，李莲英几乎和慈禧太后有同样的重要性，凡是有慈禧太后出现的地方，身边一定有伺候在旁的“小李子”——总管大太监李莲英。照电视、电影及宫闱小说之描写，李莲英似乎专以讨好慈禧为能事，至于随时不忘记捉弄那可怜的皇帝光绪，自亦是必有的余兴节目。由于他在慈禧跟前如此走红，自亦有人怀疑他与慈禧或有某种不可告人之秘密。于是，出现在《清朝野史大观》中的李莲英其人，其形象就十分不堪了。

### 野史传说常会无中生有

《清朝野史大观》卷一《清宫遗闻》中的“李莲英”一条说：

皮硝李者，孝钦后之梳头房太监也，名莲英，直隶河间府人。本一无赖子，幼失怙恃，落拓不羁，曾以私贩硝磺入县狱，后脱羁绊，改业补皮鞋，此“皮硝李”三字之徽号所由来也。河间本太监出产地，同乡沈兰玉向与有故，先为内监，见而怜之，莲英遂恳其引进。适孝钦后闻京市盛行一新式髻，饬梳头房太监仿之。屡易人，不称旨，兰玉偶在闼闼房言及。闼闼房者，内监之公共休憩所，莲英尝至此访兰玉者也。既聆孝钦后欲梳新髻事，遂出外周览于妓寮中，刻意揣摩。数日，技成，挽兰玉为之介绍。兰玉竟荐之，而莲英遂从此得幸矣。迨东宫既殂，益无忌惮。由梳头房晋为总管，权倾朝右，营私纳贿，无恶不作，奔走其门而得显位，如张荫桓陈璧辈，其彰彰者也。当时慈眷之隆，至与孝钦后并坐听戏。内廷御膳所遗各馔，例予内监膳用。孝钦遇有莲英嗜食之品，多节食以遗之，或先命小珰撤去，留俟莲英食之。其四十寿辰，御赐珍品蟒缎福寿等字，同于大员。内自军机，外自督抚，无不有庆祝之礼。赃私之积，以千万计。孝钦后殂后，摄政王载沣亦涎其富，而思所以攫之。不意又为隆裕后所庇，卒不能遂。迨其病卒，饰终之典，等于元勋。罪浮于安得海而结果大异，亦有幸有不幸尔！

由于民国以来别无有关李莲英的信史流传，而人们习惯上又多偏爱新奇刺激的奇闻异事，于是就使野史传闻逐渐成为信史，人们心目中所习知的李莲英，大概就是这一模样了。就事论事，野史之夸张失实，常常会无中生有，将莫须有之事渲染得绘声绘影，藉此达到其欺世惑众之目的。李莲英虽非端人，但经过稗官野史如此这般的描写了一番之后，不但李莲英成了僧怀义、张昌宗一流的弄臣，慈禧太后也将变成丑名昭彰的北魏胡太后之类人物了。幸好李莲英的时代去今不远，有关他的很多事迹，现在还有具体资料可以查证。考而明之，以澄清野史传闻之诬蔑失实，相信亦是读者诸君所乐见的吧。

## 三项证据可证野史之诬

稗官野史以及宫闱秘辛之类的书籍，固然能藉其刺激诡谲之内容得到读者之喜爱，但这种刺激诡谲的内容大多出于向壁虚构，禁不起实际证据的考验。就以上引“李莲英”的记事内容而言，就可明白指出其中有三大谬误。

李莲英死于清宣统三年二月初四日，得年六十四岁，其坟茔在今北京阜城门外八里庄以西二里之恩济庄，占地甚广。墓建于恩济庄内的关帝庙北面，一个虎皮石墙的院落里，前面有石桥及石牌坊，牌坊上横眉大书：“钦赐李大总管之墓”。墓前有高约一丈的汉白玉制石碑，上刻李莲英之墓志铭。由此一墓志铭的文字叙述中，即可十分清楚地看出李莲英的生平。

据王元炘所撰的《李莲英墓志铭》说，李莲英虽为河间府大城县人，却久随其父侨居京师。李莲英兄弟五人，他居第二，生于清宣宗道光二十八年十月十七日，卒于宣统三年二月初四日，寿六十四岁。咸丰六年九岁时入宫为小太监，咸丰十年英法联军攻破北京，随驾去热河，时年十二岁。咸丰十一年同治帝登基，随同慈安、慈禧两太后回京。同治六年升为首领太监，时年十九岁。同治八年时安得海在山东被杀，李莲英升为副总管。光绪十四年时，奉旨随同醇亲王奕谖阅视北洋海军，升为大总管，时年四十岁，又赏加二品顶戴。清朝制度，太监的品级不得超过四品。如今李莲英特蒙慈禧太后的恩典加为二品，自然是极大的恩宠。所以墓志铭说：“此掖庭人破格之举，自开国以来，未有若是之光荣者也。”

由上文之记述可知，李莲英不但并非“幼失怙恃”，当其稚龄入宫之时，根本还是出于其父母之决定。《清朝野史大观》说他因早丧父母而落拓不羁，以致曾做过私贩硝磺及皮鞋匠等营生，最后更因同乡太监沈兰玉之介绍而得为慈禧太后的梳头房太监云云，显然全出杜撰。至于因曾私贩硝磺及业皮鞋匠而得“皮硝李”之名云云，更是莫名其妙的无据谰言了。这是《清朝野史大观》“李莲英”资料中不可信的两点证据。

李莲英位于北京阜城门外恩济庄的“钦赐李大总管墓”，一九六六年八月文化大革命期间，曾遭红卫兵的破坏。墓穴被掘开之后，发现躺在棺材中的李莲英只有头颅而并无尸体，其头颅以下部分只是虚掩的衣服及被褥。一九八五年，中国人民大学清史研究所出版《近代京华史迹》一书，其中有佟洵所撰《李莲英墓之谜》一文，所谈即是当年掘墓经过及所见情形。李莲英棺木中何以有头无身？这谜当时一直无人能解。一九九一年八月，香港出版的《大成》杂志第二一三期上有颜仪民所写一文，题为《李莲英有头无尸的秘密》，读毕此文，方才对当年红卫兵掘墓时所见的情形有了正确的理解。这问题后文仍将论及，此时暂且从略。现在需要在这里先指出来的是：既然李莲英在当时身遭横死，则《清朝野史大观》中所谓之“迨其病卒，饰终之典，等于元勋”之所云云，岂不也是夸张不实之妄说么？这又是第三点证据，足以证明《清朝野史大观》中有关李莲英的那些说法，只是荒诞不经的连篇谎言而已。

1991 年 4 月间，北京的紫禁城出版社出版了一本谈掌故的新书，名为《宫女谈往录》。此书作者为金易、沈义羚二人，谈话的宫女则是光绪末年时曾为慈禧贴身近侍的满族老妇赫舍里氏，辛亥革命后改用汉姓何氏。作者在抗战时居住在故都北京，在偶然的机会中结识了这位老宫女，事后又将此宫女所谈清宫掌故写成文章，就成了这本史料价值极高的《宫女谈往录》。全书约二十万字，先在《紫禁城》杂志上连载，然后结集成书。笔者取而读之，深觉此书所谈各种清宫掌故极为翔实可信，在史学研究上有极大的参考价值。更难得的是，由于此宫女与李莲英颇有不寻常的亲密关系，经由她的谈话所透露出来的李莲英生平事迹，为外界所不经见，特别富于参考价值，所以更值得加以介绍。

## 老宫女细说小李子

老宫女赫舍里氏出生于光绪七年。光绪十九年时十三岁，以“秀女”身分被选入宫，拨入慈禧太后的寝宫储秀宫服务。光绪二十四年时十八岁，她已被拔擢为慈禧的贴身女侍了，亦深得慈禧之喜爱，却因为李莲英的一番撺掇，慈禧太后竟将她“赐予”太监刘祥为妻。一结了婚，就只好退出宫中，去作有名无实的太监老婆了。如此有一年之久，由于赫舍里氏自己之请求，慈禧太后准许她回到储秀宫来做原来的工作，因此她又恢复了宫女身分。前后历经庚子西狩及辛丑回銮，至光绪二十八年始再度出宫，计其前后在宫中的时间约有八年之久。她所嫁的刘祥，乃是光绪皇帝的剃头太监，也是李莲英的徒弟。由于李莲英与刘祥的师徒感情甚深，李莲英曾对刘祥说过许多心腹体己的贴心话，也曾将他自己的生平事迹详详细细的告诉了刘祥。这些“秘密”后来透过刘祥的述说，一一为赫舍里氏所详悉，于是赫舍里氏成了另一个最了解李莲英历史之人。所以我们很可以说，写在《宫女谈往录》中的李莲英资料，应该是可信程度极高的第一手资料，十分难得而可贵。

根据《宫女谈往录》中赫舍里氏的口述资料，李莲英之所以能深得慈禧之宠信，其最大的优点是小心谨慎，处事细密而顾虑周到。她在《湖上神仙》一章中，从慈禧太后在颐和园中游湖进膳说起，详细叙述李莲英在湖船传膳一事中处理得如何周详完善，最后更将李莲英之为人比拟作出产于马兰峪的一种酥梨“佛见喜”，以表示慈禧太后对李莲英的宠信程度。“佛见喜”的可爱之处在哪里？这需要引用一段赫舍里氏自己的话来说明，否则无法表达得十分清楚，老宫女说：

> ……在十几年前，东陵马兰峪守陵的堂郎中，过春节给老太后进贡，有一种梨，皮发黑，外表也不漂亮，看起来很不让人生好感，可是吃起来，只要一粘嘴唇，感到它又甜又酥，又细又嫩。老太后尝了后，连声说好。宫里管这种梨叫“佛见喜”。以后大家觉得李莲英很像这种梨。他外表长相不给人好感，可是当起差来处处想得周到，宫里的行话叫“兜水不漏”，让老太后感到放心舒服，深得太后的喜欢，因此也就背后管李莲英叫“佛见喜”。……这位“佛见喜”，也是六十多岁的人了，披星戴月，起早贪黑，匆匆忙忙而又有条不紊。老太后有一个主意，他要有十个办法准备着。

照此说来，李莲英之所以能深得慈禧之欢心，全仗他那一份谨慎周密的小心与勤劳，事事都能教人十分顺心适意之故。这种小心谨慎而人见人喜的服务态度，与一味吹拍逢迎的谄谀趋奉显然大异其趣。前者可以博得里外上下每一个人的好感，后者却只能落得一个“拍马屁”的称号，在同侪与下人间决不能使人信服。这应当是李莲英与众不同之处，也是他最大的成功之处。不了解这一点，而只把他当作一般作威作福的“权阉”，如安得海、小德张之类看待，显然对李莲英太不了解了。

## 请求净身做太监的童年

李莲英在清末有“皮硝李”之外号，前引《清朝野史大观》说，李莲英之所以有此诨名，是由于他未做太监之前曾经贩过硝磺及做过皮鞋匠，结合了硝磺中的“硝”字与皮鞋匠之“皮”字，所以人称之为“皮硝李”。这种说法当然不对。但李莲英既有“皮硝李”之名，总应该将此一名称的真正意义弄清楚才对，否则如何对读者交代？这其中的疑问，还需要从《宫女谈往录》中去寻找答案。

《宫女谈往录》中有一章，名为《从皮硝李到恩济庄——我所知道的李莲英》，在此一章中，老宫女赫舍里氏曾对“皮硝李”之名有过详尽的解说。

根据老宫女赫舍里氏的说法，李莲英之父名李玉，家境穷困，十几岁时就父母双亡，只能靠讨饭、打短工度日。村里有个同宗叔叔名叫李柱的，老两口儿无子无女，时常周济他。李玉颇有心计，看准了这是个可以倚仗的靠山，所以每逢春耕秋收之时，一定自动上门干活，不用招呼。对于这位婶母，孝心尤其周到。举凡妇人家应做的家务事如喂猪、推磨、扫鸡窝，样样都替老人家做得好好的。日久天长，老俩口都觉得李玉是个老实可靠的孩子，就决定收养他为儿子。然而李玉毕竟不是李柱的亲侄儿，族支行辈也很远。李柱有二十几亩地的产业，早就成为他本家侄儿们的觊觎对象。一旦老头儿咽了气，许多支派较近的宗亲子侄马上出来讲话，认为李玉无资格作李柱的孝子，谁有资格作孝子，要等宗亲们商量之后才能决定。这种态度无异从根本上否定了李玉的承继资格，承继资格如被否定，二十几亩地的产业当然也要落空了。此时幸亏有李柱的遗孀出来竭力顶着，一方面由她自己出来主持丧事，一方面也公开宣布，只要她活着一天，谁也别想来分李柱的家产。但即使如此，眼看着在家乡是待不下去了。此时李玉也早已结婚，娶的妻子就是李柱之妻的娘家侄女曹氏，非常工于心计。在婆媳二人的商量计议下，决定先由李玉夫妻到北京去另干活路，在家乡则藉口办丧事拉下了亏空，先卖园子后卖地，陆陆续续地把钱转移到北京去。因此之故，李玉才会由乡下来到北京谋生。

李玉之妻曹氏，有个堂兄在北京做皮货生意。经由曹氏及其堂兄之安排，李玉在北京西直门外的堂子胡同开了一个皮作坊，专门将生皮硝制成为熟皮，制成熟皮后再转卖给同增皮货庄，藉此赚取加工的利润。这是一个非常辛苦的行业，不但制皮用的硝有毒质，辣眼呛人，而且腐蚀性很大，臭味非常难闻。李玉夫妇为了逃避家乡族人的迫害而来此营生，吃苦受罪，辛劳不堪。此时他俩已有五个儿子，家庭生活极为艰难。李莲英是家中的第二个儿子，从小就聪明机伶，眼看父母如此吃苦受罪，就暗暗打定主意，要另找活路，好为父母减轻负担。他后来所找的活路，就是请求自动“净身”去做太监，这时他还只有八岁而已。李玉当然赞成儿子的此一想法，认为说不定可以为家庭带来幸福。李莲英的母亲曹氏虽然万分割舍不下，最后还是只好同意他父子的想法。就这样，李莲英在八岁时就被阉割，九岁时送入宫中做了小太监。更因为他父亲李玉所开的皮作坊在当时以臭秽不堪之故而臭名四播，所以在李莲英入宫之后，人家就给他起了“皮硝李”这么一个诨名讥笑他。老宫女说：“称李莲英为‘皮硝李’，决不是颂扬他，而是奚落他。他自己也从来不提这个名称，因为这名称并不光荣。”唯其因为如此，所以当李莲英逐渐走红发迹以后，他父亲李玉也把这皮作坊收歇，搬到海甸大有村去赁房居住了。

## 对光绪帝的耿耿孤忠

老宫女赫舍里氏在慈禧太后宫中首尾历时八年，不仅对慈禧之性格好尚知之甚谂，对这位日日供事宫中的总管大太监李莲英也有极深的了解。她最佩服李莲英的两点是做事谨守分寸，决不逾越规范，以及忠心于慈禧之外，同时亦以耿耿忠心对待光绪帝，不失臣子的身分。凡此所述，在清人王照所撰的《方家园杂咏纪事诗》中亦有具体资料可为佐证，足以证明老宫女之所说不差。如《方家园杂咏纪事诗》第十三首："炎凉世态不堪论，蔑主惟知太后尊。丙夜垂裳恭待旦，膝前呜咽老黄门。"所写即是辛丑回銮时到达保定之时，光绪皇帝寝宫中的陈设简陋已极，室中除了硬胎的坐褥、椅垫、靠枕之外别无他物。时值隆冬，既无衾被，简直无法睡觉。到了晚上，太监及内务府诸人在侍奉太后事毕之后各自散去饮酒赌博，没有一人管到光绪帝的睡觉问题。李莲英俟太后睡下之后潜来光绪帝寝宫查看，只见光绪帝一人对着蜡烛呆呆坐着，身旁连一个小太监都没有。李莲英即问皇帝这时为何还不休息？光绪帝说："你看看这屋里，教我怎么睡？"李莲英这才发觉床上连棉被都没有一条，赶紧到自己睡房去抱了棉被来，光绪帝这才能够睡觉。王照说，他曾听上驷院卿福启说过，光绪帝回京之后，每每追念西狩时之困苦，常说："当时若无李俺答，我活不到今天。""俺答"乃是满洲话，即汉语中的"老伙伴、师傅"。由此可见李莲英对光绪帝的耿耿孤忠，确有事实可证。这是第一点事实，可以用来证明老宫女对李莲英的赞赏是可信的。至于第二点事实，则是光绪十四年时，李莲英奉旨随同醇王奕譞阅视北洋海军之事。

《方家园杂咏纪事诗》第一首后之"附记"，记述李莲英奉旨随同醇王奕谓赴烟台阅视北洋海军的情形说："醇贤王之掌海军衙门也，太后提用筹备海军之积款以大兴土木，王不敢违。及王赴烟台阅视海军，懿旨赐乘杏黄轿，王不敢乘，心益加惕，力请派李莲英偕往。出京后，每见文武官员，皆命莲英随见，王意在避本身擅权之嫌也。而莲英怵于安得海之祸，布靴布衣，每日手执王之长杆烟筒、大皮烟荷包侍立装烟，退则入王之夹室中，不见一人。时直、鲁两省卑鄙官员欲乘机逢迎大总管者，皆大失所望。王之左右与莲英，皆一介不取而归，王大赞赏之。"这一段故事，在《宫女谈往录》中亦有十分翔实的记述。老宫女还在最后添了一段按语说："拿李莲英的行为和安得海对比，真是一个天上，一个地下，显得安得海是那样的卑下没见识，狗肚子里盛不下二两油，而李莲英呢，屎克郎变知了，飞上天了。他无论在什么时候，从来不脑袋发热，总是冷静地来处理事情，这是他最可贵的地方。"老宫女的这段话，画龙点睛地点明了李莲英的成功条件，也具体明白地刻画出了李莲英的性格。以与稗官野史中所描写的李莲英形象相比，相去不可以道里计。

## 死于暗杀而死因保密

身为慈禧太后跟前极为走红的大总管，当然有机会纳贿营私。何况慈禧太后晚年亦惯以卖官鬻爵为能事，则李莲英从中经手渔利，当然更有机会可以自肥囊橐。他可万万没有想到，太监多财，决不会有好的下场。因为"一朝天子一朝臣"，古有明训。慈禧太后倒台之后，必定有另外的太监走红当权，到时候他将成为别人的算计对象，而自己的背后却已失掉了有力的支撑者，那时候的后果将会如何？实在很难想像。李莲英后来的悲剧，就是这种情形之下的产物。

香港出版的《大成》杂志，在第二一三期上刊登了一篇文章，名叫《李莲英有头无尸的秘密》，撰者颜仪民，其父颜毓泰在民国初年曾为步军统领江朝宗的机要秘书，两家关系极为亲密，所以得知江朝宗的许多秘密事。

江朝宗是袁世凯的亲信，在宣统时官居步军统领，负责京城治安，乃是当时极有权势的人物。据颜仪民的说法，李莲英在慈禧身故之后即告退出宫，隐居于护国寺棉花胡同的自宅中，从此闭门不出，并谢绝一切来访之人，以求安全。此时，光绪帝的皇后隆裕变成了新的皇太后，她的宠监张兰德（俗称小德张）是李莲英的死对头，目睹李莲英势力已倒而身拥巨赀，便立志要谋他的财产，派遣心腹四出调查，又奏请隆裕太后降旨命内务府查办。李莲英闻讯恐惧，赶紧派管家辇巨金至南池子江朝宗府上求救。江朝宗得到李莲英的献金后本想全力予以庇护，不料小德张也派人送来了大笔金钱，又转达了隆裕太后对此事的意思。江朝宗在权衡利害得失之后，决定支持有权势的小德张，在某一天下帖子请李莲英到什刹海的会贤堂吃晚饭。李莲英见是江朝宗来请吃饭，当然不敢不到。殊不知道，当他吃完晚饭回家时，在经过后海的路上就被人截杀了，出事的地点就在后海旁。李莲英家人在得到车夫回去禀报后立刻前来查看，从深夜直找到天亮，只在出事处附近找到李的一个人头，其尸身可能已越过河沟，被抛到乱草丛生的海子里去了。李莲英的兄弟们在经过一番密商后决定对此事保密，一面禀报江朝宗请勿再追查凶手，一面以李莲英病死发布讣闻，匆匆忙忙地将此事掩饰过去。颜仪民从江家得知此事，怀疑李莲英之死或与江朝宗有关，但却不敢开口动问。直到后来在《近代京华史迹》的《李莲英墓之谜》一文中得悉李莲英的坟墓中果真有头无尸，方才知道当年从江宅中听到的一些消息果然是真的。

照《宫女谈往录》中之所说，李莲英是因“锁喉痢”而病死的，从宣统三年正月廿九日得病起，肚子就“绞拧般的疼”，一点东西也不能吃，到二月初四就死了。“死得非常快，究竟在哪里死的，家里的人闭口不谈”。丧事是在海甸彩和坊办的。“丧葬从简，就是怕在城里头招摇”。从这诸项迹象看来，李莲英死于仇家之暗杀，以及他家因恐惧报复而不敢声张的种种情形，十分明显。《清朝野史大观》说他死时“饰终之典，等于元勋”，显然更是错得太离谱的谬说。

# 慈禧如何拔掉她的眼中钉

## ——珍妃入井之谜

到北京故宫去参观过的人都知道，故宫东北角的贞顺门里有个“珍妃井”。那是光绪帝所宠珍妃当年被慈禧太后叫人将她推下去淹死的地方。为了纪念珍妃之死，所以后人称之为“珍妃井”。至于珍妃因何而死以及当时之实情如何？则因言人人殊之故，迄今尚无定论。所谓“宫廷秘事”，宫闱中的很多事情，就是这样子永远充满了神秘的色彩，教人无法了解事情的真相。可怪的是，官修的史书却又不愿对此问题提出负责的解答。于是，各种纷歧错杂的传说也就这样地永远流传着，始终教人目迷五色，莫知适从。

### 珍妃之死有二说

从现在所流传的各种稗官野史及小说、戏剧看来，关于珍妃之死，大致存有甲乙二说。甲说以为，珍妃之死是由于自杀。也就是说，她之所以会在井中淹死，是由于自愿投井而非他杀。乙说则以为珍妃并非自愿跳井自杀，其入井致死的原因，是由于慈禧太后之威逼，及第三人之加功。此说中又有两种不同之歧说。一说以为慈禧迫珍妃入井，事在两宫西狩之前一天，下手者为总管太监崔玉贵，当时并无其他人在场。另一说以为珍妃堕井的时间就是在两宫西狩的临行之时，在场的除了慈禧、珍妃、崔玉贵之外尚有多人，其中即有光绪帝。光绪帝当时跪求慈禧开恩而未得，至于呜咽流涕，痛心之极。这几种不同的说法虽然内容各异，看起来却都言之凿凿。但是亦就是因为它们彼此矛盾之故，实在无法使人认定，究竟其中的那一种说法是可信的。

主甲说者为罗惇曧所撰之《庚子国变记》。他说，光绪廿六年七月廿一日黎明时分，联军已攻入北京，两宫仓皇西狩，在西华门外乘骡车出行，扈从者只载漪、载勋、载澜、刚毅等人。“妃主宫人，皆委之以去。珍妃帝所最宠，而太后恶之。既不及从驾，乃投井死。”在所有的有关记载中，只有这一条记载说，珍妃之死是由于自杀。但珍妃在当时实际上是在幽禁之中，她如何能以幽禁的身份走出来投井自杀？则书中对此并无交代。

《满清野史初编》中有王旡生所撰《述庵秘录》，其“珍妃堕井”一条说，珍妃之死是由于慈禧威逼，致死时间在七月廿日晚间，距两宫将行之时间尚早。据说“当时宫中扰攘，内监总管崔某遽牵珍妃，毡裹而推堕井”。其后蔡东藩撰《西太后演义》，亦祖袭其说，只是将时间延后到了廿一日黎明，变成两宫西狩将行之时。所以在慈禧呵令崔玉贵将珍妃拉出去推入井中时，就多了在场求情的光绪帝。再到德龄撰写《瀛台泣血记》时，下手推珍妃入井的崔玉贵，又换成李莲英了。

《清史演义》及《清宫十三朝》等书较此更为晚出，其作者更根据上述诸说大肆发挥其想像力，添入了许多珍妃在临死之前表现得如何壮烈果决，光绪帝的举动又如何懦弱无能等等情节。这些书籍对珍妃被害一事既有如此具体生动的描写，读者对此似已无法怀疑。故宫博物院所编印的《故宫周刊》

在民国十九年时推出了一本《珍妃专号》，书中载有珍妃遇难时曾经耳闻目睹其事者的唐冠卿谈话记录，说明珍妃被害的时间是在两宫西狩之前一天，当时并无光绪帝在场。这就使整个情势又发生了新变化，因为这其中所说的情形与前述诸说皆有不同之处，究竟是唐冠卿的说法不错？还是唐冠卿所说的也有不对？这就成了所谓的“一波未平，一波又起”，整个问题看起来愈来愈像是一团迷雾一般地弄不清真相了。从民国十九年到现在，时间虽然已间隔了六十多年，这个谜好像始终没有得到解答。

将各种纷纭错杂的传说作一比较，便可发现，除了《故宫周刊·珍妃专号》所载当时耳闻目击者的谈话比较属于直接可信的资料外，其他种种说法，其资料来源大抵得自传闻之说。传闻之说每多臆测之辞，如果再加上作者之穿凿附会，其可信程度就更低了。既然《珍妃专号》的谈话记录是来自当时曾经耳闻目睹其事者之所说，应该有较高的可信价值。所以，我们如果要希望了解珍妃入井之谜的真相，就应该暂且撇开一切不可信的浮言杂说，先从研究较可信的直接资料入手，然后方能进入问题的核心。

《故宫周刊》的《珍妃专号》出版于民国十九年，编辑人员为了求真求信，多方查访当时还在世的故宫太监宫女等人，结果查访到了白姓刘姓的宫女二人及旧太监唐冠卿一人。但白姓宫女早年曾为珍妃之侍女，在珍妃被慈禧责罚幽禁之后即被逐出宫，故而对于珍妃被幽禁以后的事迹并无所知，投井之事亦只是得之传闻。刘姓宫女的出宫时间在光绪二十五年五月，其时尚未发生义和团之乱，对珍妃入井之事亦只是得之传闻。得之传闻的资料并无太大的参考价值，所以《珍妃专号》的访问对象虽有三人，其真正有用的访问资料，实际只有旧太监唐冠卿一人。而由他的谈话内容看来，他在珍妃遇害的事件中，还是曾经亲自耳闻目睹的直接参与者哩！

## 珍妃入井时的目击者

见于《故宫周刊》第三十期《珍妃专号》中的唐冠卿谈话纪录，今据原书所载转录于后：

庚子七月十九日联军入京，宫中惊惕万状。总管崔玉桂率快枪队四十人守蹈和门，予亦率四十人守乐寿堂。时甫过午，予在后门休憩，突观慈禧后自内出，身后并无人随侍，私揣将赴颐和轩，遂趋前扶持。迺至乐寿堂右，后竟循西廊行。予颇惊愕，启曰："老佛爷何处去？"曰："汝勿须问，随余行可也。"及抵角门转弯处，遽曰："汝可在颐和轩廊上守候，如有人窥视，枪击毋恤。"予方骇异间，崔玉桂来，扶后出角门西去。窃意将或殉难也，然而亦未敢启问。少顷，闻珍妃至，请安毕，并祝老祖宗吉祥。后曰："现在还成话吗？义和团捣乱，洋人进京，怎么办呢？"继语言渐微，哝哝莫辨。忽闻大声曰："我们娘儿们跳井吧！"妃哭求恩典，且云未犯重大罪名。后曰："不管有无罪名，难道留我们遭洋人毒手么？你先下去，我也下去。"妃叩首哀恳，旋闻后呼玉桂。桂谓妃曰："请主儿遵旨吧！"妃曰："汝何亦逼迫我耶？"桂曰："主儿下去，我还下去呢。"妃怒曰："汝不配！"予聆至此，已木立神痴，不知所措。忽闻后疾呼曰："把他扔下去吧！"遂有挣扭之声，继而砰然一响，想珍妃已堕井矣。斯时，光绪帝居养心殿，尚未之知也。后玉桂疽发背死。

如果唐冠卿所说的话不错，则在珍妃堕井之时，在现场的应该只有慈禧、珍妃与崔玉桂（按即崔玉贵）三人，而唐冠卿则因遵慈禧之命在颐和轩廊上把守之故，有机会在距离现场不远之处旁听，所以也可算是半个在场之人。

能够有机会在相距现场不远之处旁听，又亲耳听到慈禧太后迫令珍妃跳井的全部事实经过，唐冠卿的证词当然相当有价值。但其间亦不无疑问存在，举其大者而言，便可以先提出以下两点：

一、当珍妃被慈禧所逼之时，唐冠卿当时自称其所在之位置是在颐和轩外的角门转弯处，所以得闻慈禧命崔玉贵将珍妃投入井中的前后经过，但他当时究竟是否确实处此地位及受命把风，则仍需有人为之证明，始能使人相信他所说的不错。

二、《故宫周刊》的《珍妃专号》曾附有一张“珍妃最后幽禁处及投井经过路线图”，即系根据唐冠卿的证词内容所绘制。照此图上所绘慈禧与珍妃对话地点的位置看，其地与唐冠卿自称受命把风的颐和轩外角门转弯处相距颇远。以这样远的距离，唐冠卿怎有可能听到他的证词中所提到的慈禧、珍妃、及崔玉贵三人的言语？

## 唐冠卿说辞的疑点

有此两点疑问，首先便必须确定一点，唐冠卿的证词是否有办法可以证明其正确性？就唐冠卿所说的现场参与人员而言，珍妃当时就被推入井中淹死了，当然不可能再为他作证；慈禧是害死珍妃的主谋者，她既然立意要置珍妃于死地，而且以如此秘密的方式行事，事后当然不会承认，更何况她也早已死了。剩下来能为唐冠卿的证词提供正误意见的，看起来似乎只有一个下手推珍妃入井的崔玉贵了。据唐冠卿说，崔玉贵后来以“疽发背”而死，好像是因为做多了恶事而不得善终似的。但如根据另外的资料记载看，则似乎崔玉贵不但并非老早就得了“疽发背”的恶疾死于非命，而且一直到民国以后还是活得好好的，有机会将慈禧害死珍妃的经过情形源源本本的说出来呢！正因为有此资料存在，对于唐冠卿证词内容可信与否的问题，我们便有了可以核对比较的机会。

笔者撰《老宫女忆小李子》一文，得力于《宫女谈往录》一书中的参考资料极多。这一位“白头宫女谈天宝往事”的老宫女赫舍里氏，在光绪二十四年至二十八年时正是慈禧太后跟前的贴身近侍，所知道的慈禧秘辛极多，正是研究光绪晚期清宫掌故的重要参考资料。由于珍妃遇害的时间在光绪二十六年七月二十日，当时的赫舍里氏就在慈禧宫中，她当然有机会知道此事的若干细枝末节。更何况她与总管太监崔玉贵的交谊也不错，而崔玉贵在清朝亡了之后对清宫秘事也没有什么顾忌，尽有机会可以老实说出慈禧太后当时的举动。于是，从《宫女谈往录》中涉及此事的谈话记录，我们便有机会可以从核对唐冠卿的证词及参考崔玉贵及老宫女所透露的资料，逐渐弄清楚整个事实的真相。但为便于读者的了解起见，必须先对出事现场的地理位置及建筑情况先作一简略介绍，以便读者能够先有一个初步的概念。

## 珍妃井所在地

整个紫禁城中的故宫，大致可区分前后两部分。在前面的是三大殿及其附属建筑物。自午门经金水桥即是太和殿、中和殿及保和殿，合称为三大殿，乃是皇帝临朝治事的正殿，一般通称之为“外朝”，以与后面属于宫廷生活区的“内廷”区别。保和殿之北面为乾清宫，中间有一道乾清门。由乾清门往东往西，皆有长墙分隔南北，南面即是三大殿所在之“外朝”区，北面即是宫闱所在的“内廷”区。位于内廷的宫闱建筑物，又可大致分为三个区域，在中间一路的，是现任皇帝及皇后妃嫔们所住的寝宫，习惯上称之为“中路”。在中路区中南北轴线上的宫殿是乾清宫、交泰殿、坤宁宫，这是帝后之“正寝”；位于此轴线左右的是东六宫、西六宫、奉先殿、养心殿，则是妃嫔们的寝宫与皇帝祭祀及燕居之地，习惯上称为“内东路”与“内西路”。在内东路与内西路左右的，当然就是外东路与外西路了。这两个区域内的宫殿房屋，不属于现任皇帝及其皇后妃嫔们的生活区。在西边的是寿安宫、寿康宫，与慈宁宫等，乃是前朝太后太妃退居养老的孀妇院。在东边的宁寿宫，本来也与寿安、寿康、慈宁诸宫一样的用途，但在乾隆中期，却把此一区域大加改造增修，以作为禅位后太上皇安享其余年的神仙福地，其中的宫殿房屋构制之富丽华美，较之属于帝后正寝的乾清宫、养心殿等处有过之无不及。这么精美奢华的宫廷建筑物及其中的富丽陈设，在乾隆帝却一直未曾居住。他死后，也一直闲置不用，未免可惜。所以在光绪二十年慈禧太后做过六十大寿之后，就老实不客气地搬进去住了起来，要以乾隆帝做太上皇时代的生活水平，安居颐养这位老太后的晚年了。这一处形制独立、建筑富丽华美的宁寿全宫，在珍妃遇难时，不但是慈禧的寝宫，也是幽禁珍妃的冷宫，因为珍妃被幽禁的“东北三所”就在此宫最北端的一座小院落中。而珍妃被推堕入井淹死的“珍妃井”，也就在“东北三所”院外的不远之处。

宁寿全宫内的建筑群，外面有完整的围墙包筑，使它们在整个紫禁城中自成一个完整的单位，不与其他宫殿房屋相连。全宫的最南端是一座形制豪华的九龙壁，向北进皇极门、宁寿门内的一组宫殿，前称皇极殿，后称宁寿宫，其规制全仿太和殿及乾清宫，只是尺度稍小而已。这一组宫殿是宁寿全宫的前半部，以后面的养性门及左右长墙与后半部隔开，形制亦全仿整个故宫的“外朝”与“内廷”。进养性门的后半部宫廷建筑，亦可分为三路。中路由南向北，依次为养性殿、乐寿堂、颐和轩、景祺阁；东路为畅音阁、阅是楼、寻沿书屋、庆寿堂及景福宫；西路为宁寿花园。中路的乐寿堂，当欲作为乾隆帝的寝宫，慈禧太后后来所住的寝宫亦在这里。在乐寿堂北面的是颐和轩与景祺阁，再往北就是宫墙了。宁寿全宫至此，似已为尽头。但就在北面宫墙的紧靠墙根之处另有小院两座，每一小院中各有平房三间。这在从前本为安置宫中年老乳母之处，在后来变成了幽禁有罪宫眷的冷宫，通称“东北三所”。珍妃在戊戌政变后本来被幽禁在建福宫，不知何时又被移禁至此。由于这地方与慈禧的寝宫相距甚近，不但平常之时便于监视，便是有事之时也最便于加害。也正是因为地处禁密之故，外间对于珍妃如何被害的真相，也就始终弄不清楚。

## 老宫女述说珍妃入井事

《宫女谈往录》中记有崔玉贵对老宫女述说珍妃入井之事的经过情形，说：

七月二十日那天中午，我想乘著老太后传膳的机会，传完膳老太后有片刻漱口吸烟的时间，就在这时候请膳牌子最合适。就在这时候老太后吩咐我说，要在未正时刻召见珍妃，让她在颐和轩候驾，派我去传旨。我就犯嘀咕了——召见妃子例来是两个人的差使，单独一个人不能领妃子出宫，这是宫廷的规矩。我想应该找一个陪着，免得出错。乐寿堂派差事的事归陈全福管，陈全福毕竟是个老当差的，有经验。他对我说：“这差事既然吩咐您一个人办，您就不要敲锣打鼓，但又不能没有规矩。现在在颐和轩办事的是王德环，您可以约他一块去，名正言顺；因为老太后点了颐和轩的名了，将来也有话说。”我想他说的有理。东北三所正门一直关着，上面有内务府的十字封条，人进出走西边的腰子门。我们去的时候，门也关着。我们敲开了门，告诉守门的一个老太监，请珍小主接旨。珍妃住北房三间最西头的屋子，屋内由外倒锁着，窗户有一扇是活的，吃饭洗脸都是由下人从窗户递进去，同下人不许接谈。珍妃在接旨以前，是不愿意蓬头垢面见我们的，必须给她留下一段梳理功夫。由东北三所出来，经一段路才能到颐和轩。我在前边引路，王德环在后面伺候。我们伺候主子向例不许走甬路中间，一前一后在甬路旁边走，小主一个人走在甬路中间。一张清水脸儿，头上两把头摘去了两边的络子，淡青色的绸子长旗袍，脚底下是普通的墨绿色缎鞋。这是一幅待罪的妃嫔的装束。她始终一言不发，大概她也很清楚，等待她的不会是幸运的事。

这段话对珍妃由禁所到颐和轩来的时间及前后经过，都交代得十分清楚——珍妃之所以要由东北三所出来至颐和轩，是由于慈禧要召见她。至于召见的时间，则是光绪二十六年七月二十日的未正时刻，依现在的时间折算，则应是当天下午的一时左右。两宫西狩，是七月廿一日早上的事。然则二事并非发生在同一天，事实固甚明显。这一点，将唐冠卿的证词互相比较，证明唐冠卿所说不错。只是唐冠卿将七月二十日说成七月十九日，不知道是否由于时间相隔了三十年之久，记不真切之故？

## 皇上来世报恩啦！

下面仍是崔玉贵的谈话纪录。

到了颐和轩，老太后已经端坐在那里了。我进前请跪安复旨，说珍小主奉旨到。我用眼一瞧，颐和轩里一个侍女也没有，空落落的只有老太后一个人坐在那里。我很奇怪。珍小主进前叩头，道吉祥，完了，就一直跪在地下，低头听训。老太后直捷了当地说："洋人要打进城来了，外头乱糟糟，谁也保不住怎么样，万一受到了污辱，那就丢尽了皇家的脸，也对不起列祖列宗，你应当明白。"话说得很坚决，老太后下巴扬着，眼连瞧也不瞧珍妃，静等回话。珍妃愣了一下说："我明白，不会给祖宗丢人。"太后说："你年轻，容易惹事，我们要避一避，带你走不方便。"珍妃说："您可以避一避，可以留皇上坐镇京师，维持大局。"就这几句话戳了老太后的心窝子了。老太后马上把脸一翻，大声呵斥着说："你死在临头，还敢胡说！"珍妃说："我没有应死的罪。"老太后说："不管你有罪没罪，也得死！"珍妃说："我要见皇上一面，皇上没让我死。"太后说："皇上也救不了你！把她扔到井里头去！来人哪！"就这样，我和王德环一起连揪带推，把珍妃推到贞顺门内的井里。珍妃自始至终嚷着要见皇上，最后大声喊："皇上，来世报恩啦！"我敢说，这是老太后深思熟虑要除掉珍妃，并不是在逃跑前心慌意乱，匆匆忙忙，一生气，下令把她推下井的。

崔玉贵的这一段话，不但承认自己是下手推珍妃坠井之人，也明白说出他的想法——他认为珍妃之所以不免一死，乃是慈禧太后经过审慎考虑之后所作的决定，所以不但要在未出走之前先将珍妃害死，而且绝不愿让人知道，这也证明了唐冠卿的证词有其可信之处。只是，唐冠卿证词中所述慈禧与珍妃之间的对话，只有前半部分与崔玉贵所述相合，其后半部分则全不相符。这究竟是因为唐冠卿在当时并未十分听清而任意臆造？还是崔玉贵之所说不尽可信？这问题本来已很难判定。所幸老宫女赫舍里氏在当时亦曾对此事之一部分有所目击，由老宫女的谈话中，便可为我们提供若干有力之参考，藉以知道此二人的谈话有多少是可信的。

## 老宫女与唐冠卿说辞对质

老宫女赫舍里氏不但在《宫女谈往录》中记下了崔玉贵有关此事的供述，也记下了她自己的回忆。将这些资料互相比对起来看，很可以从细枝末节中窥知真相。老宫女说：

> 逃跑是在光绪二十六年七月二十一日的早晨。我记得头一天，那是七月二十日的中午，睡醒午觉的时候，我相信记得很清楚。老太后在屋子里睡午觉，宫里静悄悄的，像往常一样，没有任何出逃的迹象。这天正巧是我当差。下午，我和往常一样，陪在寝宫里，背靠寝宫的西墙坐在金砖的地上，面对着门口。这是侍寝的规矩。老太后头朝西睡，我离老太后的龙床也只有二尺远。在老太后的寝宫里当差，要恭恭敬敬地盘着腿，眯着眼，伸着耳朵，凝神屏气地倾听着帐子里的声音。突然，老太后坐起来了，撩开帐子。平常撩帐子的事是侍女干的，今天很意外，吓了我一跳。我赶紧拍暗号，招呼其他的人。老太后匆匆洗完脸，烟也没吸，一杯奉上的冰镇菠萝也没吃，一声没吩咐，径自走出了乐寿堂，就往北走。我匆忙地跟着，我心里有点发毛，急忙暗地里去通知小娟子。小娟子也跑来了，我们跟随太后走到西廊子中间，老太后说："你们不用伺候。"这是老太后午睡醒来的第一句话。我们眼看着老太后自个往北走，快下台阶的时候，见有个太监请跪安，和老太后说话。这个太监也没陪着太后走，他背向着我们，瞧着老太后单身进了颐和轩。

颐和轩就在乐寿堂之北，与乐寿堂之间有通道相连。慈禧太后单身一个走出乐寿堂而不令女侍跟随，快下台阶之时曾有太监向她跪下请安又与她说话，之后这太监亦未跟随慈禧，只以背对向乐寿堂而目送慈禧一人进入颐和轩。凡此情形，俱与唐冠卿所述相符，然则老宫女当时在乐寿堂廊上所看见的那个太监，显然即是唐冠卿。由此即可证明，唐冠卿的证言，具有作证的力量。但在此以后的叙述，唐冠卿的话似乎又出了问题。因为颐和轩的大门向南开。唐冠卿在乐寿堂后的台阶上目送慈禧北行之时，慈禧太后所进去的地方明明就是颐和轩，唐冠卿为什么要说是未入颐和轩而“出角门西去”呢？由唐冠卿所说的“角门”到珍妃坠井之处，中间的距离甚远。唐冠卿所把守的位置既然只是在乐寿堂后的台阶处，他又怎能看到及听到此后发生的一切，还说他曾听到珍妃坠井时的“砰然一响”呢？凡此所言，就不免太启人疑窦了。由老宫女的回忆可知，当时老宫女所站立的位置，与唐冠卿所把守的地方相距并不太远，而老宫女居然就不知道当时在颐和轩所发生的事情为何。仍旧抄一段老宫女的回忆于后：

> 农历七月的天气，午后闷热闷热的。大约有半个多时辰，老太后由颐和轩出来了，铁青着脸皮，一句话也不说。我们是在廊子上迎老太后回来的。其实，就在这一天，这个时候，这个地点，太后赐死了珍妃，她让人把珍妃推到颐和轩后边井里去了。我们当时并不知道，晚上便有人偷偷地传说。后来虽然知道了，我们更不敢多说一句话。

## 谁下手推珍妃入井？

由此可知，老宫女当时不仅站立在乐寿堂后面的廊子上目送慈禧太后进入颐和轩，更仍在原来的位置目击慈禧由颐和轩出来。以她当时所站立的地点，竟不知颐和轩中所发生的一切，则即使唐冠卿所站立之处是在颐和轩旁边，在理论上亦不可能知道发生在距颐和轩颇远之处“珍妃井”旁的种种事故。因为他说慈禧召见珍妃之处并不在颐和轩，而是在“珍妃井”旁的天井中。因此我们可以猜想，唐冠卿所站立之处虽距颐和轩较近，但因颐和轩的殿宇甚为宽敞，对于殿中所发生之事如非用心谛听，很难听得清楚。而因慈禧曾吩咐他在轩外把守，不准旁人窥视之故，他自己当然也不敢走近颐和轩去暗中窥视了。所以他后来的证词有一部分是得自传闻，有一部分则出自臆造，并不十分可信。至于他当时的目击身份，应该是不错的。

由老宫女的回忆更可知道，从慈禧进入颐和轩至珍妃被推坠井，其全部过程约历时一点钟。这是因为颐和轩与珍妃井及“东北三所”的距离虽不甚远，但慈禧太后与珍妃间的对话既已费了一部分时间，慈禧先入颐和轩等候珍妃到来又须费一部分时间，再加上崔玉贵、王德环两人“连揪带推”地将珍妃由颐和轩弄到珍妃井旁，及完成坠井任务之后回到颐和轩来向慈禧复命所需的时间，总加起来就可能要有一个小时之久了。颐和轩中设有御用的“宝座”，慈禧进入颐和轩后坐在那里等候珍妃来见，又在那里指挥崔玉贵将珍妃拖出去扔到井中淹死，等到崔玉贵回至颐和轩复命后方才“铁青着脸皮”走出颐和轩，凡此不但深合宫廷之体制，也能吻合整个事件的发生情况。这是比对了各种证词资料之后所能得出的结论，而唐冠卿的话则不尽可信。

## 慈禧杀害珍妃的动机

对于珍妃被慈禧所害一事，老宫女赫舍里氏最后还说过这么几句话：

我们对清代宫廷的事，不可能十分了解，但大致可以推想得出来。当时宫里后妃论聪明才智，有政治头脑的，可以说非珍妃莫属了，将来宠擅六宫，是绝对无疑的。但与老太后政见不合，留下此人，终成祸患，一有机会，非置之死地不可。俗语说，量小非君子，无毒不丈夫，预先砍去光绪的左右手，免得慈悲生祸患，老太后对这件事是预谋已久的。我赞成崔玉贵的话：绝不是临跑前仓促之间的举动。

崔玉贵和老宫女赫舍里氏，都是慈禧太后跟前的近侍，他们对慈禧有一定程度的认识和了解。

他们认为慈禧杀害珍妃的动机如此，相信应不致离事实太远。然则珍妃之所以不免一死，是因为她早已成了慈禧的眼中之钉，早晚非拔掉不可。稗官野史的记载为传言所误，相信那只是两宫西狩之前仓促的决定，这种说法等于是在为慈禧文过饰非，使人无法看清慈禧太后残酷狠毒的真面目，所造成的错误未免太大了。

# 重勘杨乃武与小白菜的逆伦案

## 杨濬撰文代父开脱平反

清同治十二年十月，浙江省余杭县发生了一件“逆伦”重案——葛毕氏毒毙其夫葛品莲之命案。此案之男女主角，男的是余杭县举人杨乃武，女的即是葛毕氏，其人因艳名远播而有“小白菜”之外号。是即清末极为有名的四大奇案之一，形诸小说传奇，即是有名的“杨乃武与小白菜”故事。

记载此案的稗官野史极多。其他如《光绪政要》，翁同龢、李慈铭日记等等公私记载，对此更有极完整之记录，稍加贯串排比，即不难了解此案之始末经过。然而此案之首尾始末虽极清楚明白，对于葛品莲究竟因何致死，以及杨乃武是否有伙同谋杀之疑窦，则均无交代。小说及电影搬演此一故事，乃得随意发挥其观点，造成了各种纷歧错杂的矛盾说法。稍早，台、港各地的报章杂志又刊载了一份有关此案的新资料——杨濬所撰《我的父亲杨乃武》一文，强调杨乃武乃是余杭当地公正廉洁之绅士，与葛毕氏绝无牵连，其所以被诬陷与葛毕氏通奸谋杀，系由于当地官府憎恶杨乃武之正直有为，蓄意加以诬害云云。此文在台、港二地报刊登载之时，编辑先生所附加之按语，谓是杨乃武小白菜案的“最权威资料”。既被誉为最权威的资料，当然更能博人之采信。然而，所谓“最权威的资料”也者，在未经以研究考证的态度加以钩稽探索之前，其可信程度殊无法确定。所以，虽有台、港二地报刊所登载的此一“权威性”资料，杨乃武小白菜案的真正内情，仍然大有研究探讨之余地。

## 到底是谁杀了葛品莲

杨乃武与小白菜的故事，历经稗官野史之记载及小说、电影之渲染，其内容早已妇孺皆知，无须赘述。但为了行文便利起见，仍必须将此案之大致情形略加叙述，然后方能申述笔者个人之意见。稍有辞费，幸请鉴谅。

据《清稗类钞》等书所说，余杭人葛品莲，早岁丧父。父在时，以开豆腐店为生，父殁无资经营，遂在他人豆腐店中帮佣。品莲娶妻毕氏，有姿色，肌肤莹洁而体态轻盈，人称之为“小白菜”。余杭知县刘锡彤之子性喜渔色，与之有染。当地秀才杨乃武年轻而有丰采，亦为入幕之宾，锡彤子嫉之。同治十二年秋，杨乃武中举人，毕氏欲嫁之为妾，为锡彤子所知，益嫉愤。适葛品莲得暴病卒，锡彤子赂品莲之母葛喻氏，使控告杨乃武与葛毕氏合谋毒毙其子，谓可借此得厚利。葛喻氏控于县，知县刘锡彤往验尸，指甲现青色，口鼻中有血水流出，谓系死于砒毒，将二人收监严审，不承则加以酷刑，遂诬服。询砒霜购自何处？杨乃武漫言，购自仓前镇爱仁堂药铺。传肆主询之，不承。刑名师爷某劝令供承售砒，允不以此相累。肆主许诺，锡彤遂以肆主供承售砒之甘结申详上宪，以为人证物证俱全，杨、毕二人通奸谋杀之罪成立，应如法论死。杨乃武之妻赴京师上控，给事中王书瑞亦言此案有冤，朝旨将全案发交浙江学政胡瑞澜，令其秉公复审。而胡瑞澜仍照巡抚及臬司之原审意见复奏，于是浙籍京官及在乡士绅群起为杨讼冤，联名上控于都察院。此年十二月，奉旨将全案罪犯、证人、案卷及葛品莲之棺柩悉数提解来京，由刑部复审。光绪二月四月，在北京城外之海会寺开棺验尸，刑部仵作检验尸体，谓尸骨色白，颅骨明亮，为并非死于砒毒之证。其时爱仁堂药铺之店主已死，审讯店主之母及伙友，又将从未售给砒霜及县官胁迫取具甘结之状据实供出。于是物证人证皆虚，案情顿时急转直下。杨乃武葛毕氏二人由死刑而变为无罪，浙中官吏则自巡抚杨昌濬、学政胡瑞澜以下俱革职，刘锡彤且被充军至黑龙江，遇赦不原。

## 杨乃武断腿小白菜出家

杨乃武被释后，因胫骨被刑伤折断，不良于行，家业亦尽，乃在上海卖文为活。葛毕氏则在余杭出家为尼，至宣统三年时尚存。

杨乃武与小白菜案在未提至刑部复审之前，一直都在浙江省审讯，其中曾二度由刑部发回浙江审讯。这几次的最后判决都一样：杨乃武被认定与葛毕氏有奸情，因奸情而毒毙本夫，故处杨以死刑，葛毕氏应凌迟处死。此案在最后被提至刑部复讯，一经开棺验尸，居然认定葛品莲并非死于砒毒，故杨、毕二人之谋杀罪不能成立，乃告无罪释放。但此案之所以为“奇”，事实犹不止此。因为在此案发生之初，验尸报告就确信葛品莲之死系由于中毒；最后在刑部覆验之时，虽确定并非死于砒毒，至其因何毒而死，则置之不问。这一套审理方式之出乎常情之外，乃使全案之真正内情，始终陷于扑朔迷离的烟雾之中。

以杨濬所撰《我的父亲杨乃武》一文与其他各种资料相比，其中有一项最大的不同处，即是说，杨濬虽力言其父乃武系因“生性耿直”及好为穷困小民仗义执言，以致开罪于地方官，招来日后之陷害，与小白菜之间则全无私情。但若由其他各种文献资料中钩稽探讨，则杨濬所说的其父种种，以与小白菜的关系为最不实在。何以知杨濬所说的这一点最不实在？可以先看下文所列举的证据。

## 杨乃武小白菜的亲密关系

《清史稿》卷四七九《循吏传四》，有《林启传》，中云：

> 光绪十九年，出为浙江衢州府知府。二十二年，调杭州。余杭巨猾杨乃武，因奸通民妇葛毕氏，兴大狱，刑部讯治，幸免重罪。归则益横，揽讼事，挟制官吏，莫敢谁何。启捕治之。乃武控京师，不为动，卒论如法。

这一条纪录直斥杨乃武是横行乡里而包揽词讼的大奸巨猾，与杨濬所说的其父素行，直有天壤之别。事实上则以杨乃武乃是善良之辈的说法，亦止有杨濬而已，此外的资料，则在在俱可反证杨濬之说不确。如《清代野记》中的“书杨乃武狱”一则云：“杨固虎而冠者，邑人多畏之。”又，李慈铭所撰《越缦堂日记》云：“闻之杭州士夫言，杨乃武者，本余杭诸生，无赖习讼，恶迹众著。”这些资料与《清史稿·林启传》中所说的杨乃武本系“余杭巨猾”之说如出一辙，可知他本是横行乡里而包揽词讼的无赖恶霸，行为十分恶劣。他与小白菜之间既有亲密关系，当不可能只限于“发乎情而止乎礼”的君子态度，许多证据众口一词的说法，总不可能因一人之孤证而推翻之。“权威资料”之是否具有权威价值，在这里显然已面临了重大考验。

## 纵容老婆红杏出墙的怪诞风俗

抗战之初，笔者从杭州避难至余杭乡间，发现当地有一项很特别的风俗：穷人娶妻，往往纵容其妻结交面首藉此获致物质利益。而且这尚不仅限于贫窭之家而已，即使稍有资产而勉可温饱者，亦不以妻子之红杏出墙为耻，反沾沾焉色然而喜，以为由此可证其妻之美。这究竟是笔者所居之地的一隅情况，抑或是余杭乡间普有此风？现在当然已无从查证。但当地既有此鄙陋之风，则小白菜之所以有艳名而多面首，或与这种风气有关。

《清代野记》“书杨乃武之狱”一则，直指葛毕氏乃是余杭当地的“土娼”，“艳名噪一时”。有艳名的女人并不一定就姿色非凡，所以杨濬文中称小白菜“容貌秀丽”而不言其美貌出众，似得其实。以如此条件的妙龄少妇，如果生长在风俗淳朴而民性保守的乡间，当可终身保其清白。无奈她家计穷困而又偏偏生长在淫风颇盛的僻陋之地，于是乎她的姿貌乃只能为她带来不幸。

## 舆论态度一百八十度转变

葛品莲娶毕氏为妻后，租住杨乃武家的“余屋”一间。葛品莲白天常去豆腐店做工，晚间亦每因赶工而不能回家歇宿。凡此，俱见于杨濬之《我的父亲杨乃武》一文，及《光绪政要》所载之全案供述中，其时间则在同治十一年之四月，亦即是葛品莲娶妻后之次月。至翌年闰六月，葛品莲因不堪邻右耻笑而搬出杨家，租住其后父喻敬添表弟王心培之隔壁房屋。三个多月之后，即发生葛品莲因病暴毙之命案。所谓“流火”，本是小腿肌肉上的慢性发炎溃烂之症，其由来非一朝一夕。葛品莲在租住杨家余屋时并未因此病而致死，在搬出三个多月之后即因此病而致暴毙，若说此事与杨乃武毫无关系，似乎无此可能。因为杨乃武既曾为葛品莲出赀娶妻，他就不可能容忍葛品莲之携妻迁出；即使他无法公然拦阻葛品莲之迁出，他亦必然另有报复之计。惟其因为如此，葛品莲的“流火”，看起来虽不过是“皮毛之疾”，亦一样可以因此而送掉性命。

当此案发生之初，人人多以杨乃武实系毒杀武大郎之西门庆，小白菜则是下手的潘金莲也，至其后方知其中尚有官府蓄意周内诬陷的冤情在内，于是方使舆论态度发生一百八十度之转变。平心而论，县令刘锡彤因意图报复而一意周内、惨酷锻炼，务欲置杨乃武于死地，固是其最大之败笔，但若就杨乃武之素行而言，他又何尝不是“举国皆曰可杀”的大奸巨憝，只是刘锡丹的不正当迫害反而使他成了值得同情的无辜者，此诚是杨乃武之大幸，而刘锡彤之大不幸。至于杨乃武究竟是不是毒杀葛品莲的凶手，尽管在此案得到平反之后无人过问，其中仍然大有隐情，值得加以注意探寻。

## 小白菜在押解途中亲口告白

抗战时在上海出版的《古今文史》半月刊第五二期，载有胡曲所撰《记杨乃武与小白菜一案之内幕》，引述当年奉派押解杨案犯证赴京复审之谈震临所言，曰：

谈公押解本案人犯，共计装运三船，由河道入京，于途中曾与葛毕氏交谈多次。葛亲谓其夫确系被杨用生鸦片膏毒毙。缘其夫患心痛症，央杨诊治。杨暗用桂圆肉裹以生鸦片，命葛氏与其夫服之，且慰以“服后即痊”，云云，此与世传用砒毒大异矣。抵京后部审，开棺相验时，仅凭仵作人高呼“明亮无毒”，即了此巨案，宁非怪事也？

照谈震临所说，葛品莲虽死于鸦片烟毒，但在刑部覆审时，仵作人所见葛尸颅骨明亮而色白，指为“无毒”之证，“宁非怪事”云云，若与当时四川总督丁宝桢之谈话互看，便可知其确有道理。丁宝桢之谈话，亦见于《越缦堂日记》，云：

自海会寺覆验后，冤诬大白，稍有识者，无不切齿杨（昌濬）、胡（瑞澜），思食其肉。……适丁宝桢以川督入觐，闻覆验得实状，大怒，扬言于朝曰：“葛品莲死已逾三年，毒消则骨白，此不足以定虚实也。”

丁宝桢久官外吏，老于刑案，对于《洗冤录》之类书籍所载蒸骨验尸以确定死亡原因等等实际知识非常丰富，他之所谓“葛品莲死已逾三年，毒消则骨白”之说，当然有其所本，否则何足以折服老于谳狱之刑部办案司官。惟其如此，所以海会寺复验时只凭仵作以颅门骨映日照看，以明亮色白指为无毒之证，不仅丁宝桢闻之不服，即押解委员谈震临亦诧为奇闻，不敢置信，因为他明明曾听葛毕氏亲口所告葛品莲之死，是因为服食杨乃武所供给的桂圆肉裹生鸦片之故，虽鸦片烟之毒与砒毒不同，其死于中毒之事实则确实无讹，何得以颅骨色白明亮而指为并非死于中毒呢？

## 翁同龢大力帮腔两宫皇太后再拉一把

杨乃武小白菜一案之所以得到平反，由《翁同龢日记》、《越缦堂日记》，及杨濬所撰之文见之，其主要动力完全来自刑部侍郎翁同龢之一再提出，故最后终能得到两宫皇太后之首肯，将全案提至刑部复审，以打破浙省当局之把持回护。但《清稗类钞》中亦另有一说，与此颇有不同，其言曰：

或曰：翻案之原动力，乃某国公使偶在总理衙门座次告王大臣曰："贵国人断案，大率如杨乃武之狱。"当道闻之，至跼蹐不安，遂翻案也。

## 《申报》的评论终使刀下留人

《清稗类钞》中的这一条记载，若以当时上海《申报》报导此案的文字内容推测，其说殊有可能。《申报》于此案发生之后，每次均将浙省当局之审讯情形详为报导。光绪元年八月，杨案由刑部发交浙江学政胡瑞澜复审。胡瑞澜只求维持原来的判决内容，不惜以重刑迫令犯人妄供，以致冤抑不伸。《申报》在详载杨乃武之当庭抗议情形后加以评论，说：

壮哉此言，中国刑讯之枉民，于此而尽包括于其中。在上者若能静思此言，其深有仁心并怀公道者，岂肯仍令刑讯之弊犹行于中国乎？……今杨乃武一案，京控二次，均奉旨交浙抚杨昌濬复审，而浙抚仍照原案定断，故致有人奏参，奉旨交学政胡侍郎审办。……现在杨乃武有罪无罪，固尚不能决定，侍郎承办此案，实为天下所瞻仰。如果审察实为无罪，侍郎宜破除同僚之情面，将案内弊窦和盘托出，庶几流弊可有转机，而侍郎自必无负朝廷重任之意，足以为法以天下，可传于后世也。但有一言，本馆不惮再进：惜乎，审办此案仍然秘密而不令人观瞻，上难副朝廷秉公为民之深忱，下难解浙省旁观众人之疑。倘果如此审办故，至于并未刑讯，民间坚言用刑，将来此案若能平反，固不待言，若不能平反，仍无以折服浙省士民之心也。尚幸侍郎能因乃武之言，遂改颜细问前因，杨乃武亦应诉冤诬，否则谣言又将大起矣！何也？因其秘密而不使人皆知也。

这一段评论，表面上是委婉曲折地劝请胡瑞澜应将审讯情形公开，以避免外界怀疑他仍如浙省当局之严刑逼供，枉断曲直，实际上则又无异公开指责胡瑞澜不应仍以秘密审讯为维持原判决之手段，一刀两面，其文字极为犀利有力。当时的申报馆，乃是英商美查所独资经营，报馆当局之所以重视此案及敢于作此评论，实际上颇有其政治作用——藉此暴露中国司法之黑暗，及为英国之谋取治外法权作预先铺路之工作。惟其因为有此政治作用，所以，“某公使”之向总理衙门反映此案之审理不公，当然有此可能，而清政府当局也就不能付之不问。这其间的关系，为历来谈此案者之所未及，附带在此一述，亦可算作此案的另一段掌故轶闻罢！

# 真假赛金花

## 具有广大号召力的新闻人物

在中国近百年来的历史上，赛金花这个名字的熟悉程度，不会比慈禧、光绪帝、李莲英、袁世凯这些人物更为陌生。其中的道理十分简单：慈禧、光绪帝、李莲英和袁世凯等等不过是政治上的当权人物，一般老百姓对他们并不很了解。赛金花可是小说、电影、电视等传播媒体演活了的人物，她在人们心目中的印象活蹦乱跳，谁都知道她是清朝末年的绝世妖姬，既是名妓，也是状元夫人，更与八国联军的统帅瓦德西有过一段荒唐的爱情，如此大名鼎鼎的天生尤物，提起她的名字来有几个人会不知道？所以无怪乎到了民国二十几年，沉寂多时的赛金花忽然又在新闻纸上出现她的大名时，整个社会又在沸沸扬扬地谈论起她的事迹来了。一个具有如此广大号召力的新闻人物，怎有可能会有真假之分？这事情说起来实在是太稀奇了。

曾孟朴所撰的小说《孽海花》，可说就是赛金花的传记。可是此书只写到洪钧去北京患病身死，赛金花扶柩回苏之后就离开洪家，仍至上海重操旧业，对赛金花的后半生历史并无交代。其后瑜寿撰《赛金花故事编年》，算是将赛金花的一生事迹作了一番完整的叙述。今且据此书所述，将赛金花在洪钧死后的下半生历史略述如下。

## 赛金花的后半世简史

清光绪十九年，洪钧病死。赛金花以“曹梦兰”之名在上海经营妓院。这一年，赛金花三十一岁。

光绪廿四年夏间，上海的妓院生意不佳，赛金花转移阵地至天津，另组金花班仍操艳业，所用姓名则由曹梦兰改为赛金花。第二年，准备再由天津移师北京，却因北京城内的步军统领载澜下令禁娼之故，不得如愿，仍回天津。

光绪二十六年，义和团之乱作。赛金花一家由天津逃至通州，又由通州逃至北京。及至八国联军打入北京城，就有了联军统帅瓦德西与赛金花之间的艳闻。

光绪二十九年，正当赛金花在北京的妓院生意鼎盛之际，发生了赛金花杀雏妓凤铃的凶案。此案于翌年审结，赛金花被押解回苏州居住。这一年，她四十一岁。

光绪三十一年，赛金花又到上海开设妓院。恰巧曾孟朴所撰《孽海花》第一集亦在这一年出版，畅销。赛金花的妓院生意拜《孽海花》宣传之赐，营业鼎盛。

宣统三年，赛金花在上海的妓院生意又渐走下坡，终于宣告歇业。她在妓院结束后与曹瑞忠同居，时年四十八岁。

1912 年，曹瑞忠病死，赛金花在上海三度为娼。

1918 年，赛金花与国会议员魏斯炅结婚，婚后由上海迁居北京，住在樱桃斜街。这一年，赛金花年五十五岁，魏斯炅年龄不详。

1921 年，魏斯炅亦告病死。赛金花由樱桃斜街移居香厂居仁里十六号。由此时到赛金花死亡为止，她的居处未再迁移。赛金花在这一年已五十八岁。

《赛金花故事编年》所记赛金花五十八岁以前的历史，记叙清楚，关于她在洪钧死后的生活情况，交代清楚，大致没有错误。但在民国十年以后，“记事”的内容有了问题。首先是从民国十年的赛金花纪事发生中断。瑜寿说：“从 1921 年至 1931 年，是关于赛生活史资料的中断期间。在这十年间，已无人提起她，很少人能说出她当时的具体生活状况。但可以想像到，她生活过得很苦，她主要的经济来源，是依靠别人帮助。”1921 年至 1931 年，即是民国十年至二十年。赛金花这一段时间的生活资料中断，虽然《赛金花故事编年》的作者瑜寿推测她此时的生活很苦，完全依靠别人的接济过活，但实际上只是瑜寿的推测而已，事实是否如此，并无确证。至于瑜寿何以要作此推测？则因在民国二十年以后赛金花的新闻再度出现报端时，当时人所看到的赛金花生活情况，便是如此。却不知道，在十年消息中断之后再度出现于世人之前的赛金花，很可能已经不是赛金花本人了。

自从民国二十年之后赛金花新闻再度出现报端以来，赛金花又成了新闻记者的采访资料。根据《赛金花故事编年》中的说法，打从民国二十二年开始，“新闻记者访赛金花的越来越多。北京大学教授刘复在访问过赛金花以后，决定替她写一部自传，答应将这部书的全部收益送给她”。由于新闻界文化界的热心关注，社会上的善心人也开始经常赠送各种生活必需品给她。但如留心注意新闻记者在此一时期所写的各种访问报导，便可发现其内容与从前的所谓赛金花生平殊有矛盾不一致之处。这里面的道理何在？正值得研究探讨。

## 民国二十年以后的报导所见与前有异

将民国二十年以后见诸报端的各种赛金花访问纪录与前此种种报导互作比较，彼此间的差异不小。撇开细枝末节不论，就其荦荦大者而言，可以举出下述三点。

一是关于赛金花的知识方面——照曾孟朴写在《孽海花》中的情形看，早年时的赛金花，能说英、德两国语言，且长于中国文字及小楷，常为其夫洪钧缮写奏折。但据民国廿三年十一月十七日上海《申报》刊载其驻平记者之访问记，则当时的赛金花既不会说一句外国话，也不能阅读新闻纸及白话通俗小说，知识程度相去悬绝。

二是关于赛金花与曾孟朴的关系方面——据上引驻平记者的访问记说，记者曾向赛金花询问她与曾孟朴的关系如何？赛金花的答覆是："曾孟朴在我嫁洪先生前曾吊过我的膀子，为了失恋，所以写那部书来糟蹋我！"这样的话说得当然太露骨了，曾孟朴也承受不起赛金花对他的批评，所以他也在新闻记者的访问中引经据典地辟谣，竭力辨明赛金花之无稽谰言。他所说的话当然要比赛金花有根据，为了证明两人之所说孰正孰误，有必要引述曾孟朴原来所说的话。民国廿三年十一月廿五、廿六两日《申报》所载曾孟朴访问记中，曾自述他与赛金花之间的关系说：

> 赛金花原籍盐城，伊自称苏州。十六岁时归洪钧。洪钧为我父之义兄，同时又为我闱师之师，谊属太老师，故余当时称赛金花为小太师母。赛嫁洪时，年十六岁，时余只十三岁，焉解恋爱为何物？此非余信口乱

说，现有文献足证。

曾孟朴所援引的“文献”，是袁昶《安般簃诗集》与樊增祥《樊山诗集》中有关曾孟朴年龄的记载，藉以证明他与赛金花之间的年龄差距不错。果如所说，则赛金花说曾孟朴因追求赛金花不遂而写文章糟蹋她的话，自然是横加诬蔑之谰言了。赛金花对自己的生平事迹，不会不清楚，居然会说出这种话来的原因，应该是说话者对此事并不了解之故，否则就无法解释了。

三是关于赛金花缠小脚的差异方面——由传世的各种赛金花早年所摄照片见之，其双趺纤纤，乃是极精巧极标准的三寸金莲。根据对缠足问题素有研究的老一辈人士所说，缠足之所以能纤细瘦小，全因自幼缠裹时就限制了足部的发育，一旦缠成了瘦小伶仃的三寸金莲，即使以后放脚不缠，亦不可能重新成为肤圆六寸的光致丰趺。语见《采菲录》第四集，邹英所撰之《葑菲续谈》。但若以1930年代以后的采访报导所见，当时在北京贫寒落魄的赛妪金花，一双放大后的改组派小脚“粗若白薯，蠢俗不堪逼视”，完全不应是纤细小脚放脚不缠后应有的模样。邹英君对此问题有其独特之看法，曰：“民国廿五年（1936年）十二月三日在平逝世之赛金花，并非其本人。赛金花已于民国十五六年间逝世，且较此妇为年长”，其所说似不为无见。

## 后见之赛金花实为赝鼎

依据情理推测，任何一个人在年轻时所学会的外国语如果长久不加使用，到年老时当然有可能完全忘记。但即使是年老糊涂，亦决不会糊涂到连自己早年的重大事迹亦错谬颠倒得悖乎情理之外。赛金花在民国廿三年时接受《申报》记者访问，居然说曾孟朴当年系因追求她失败而写《孽海花》泄愤，即此之类。有如此不可原谅的错误，再加上那两只不可能成为大白薯形状的改组派小脚，所以才会使人怀疑，在民国二十年以后出现在北平的赛金花，并不是她本人。但是话虽如此说，在民国二十年以后出现的赛金花如果真的不是她本人，又会是谁呢？关于这一点，署名“绮楼”在邹英所撰《葑菲续谈》一文后所加的识语中说，此人实际上乃是赛金花的“房侍”，在当时被称为“小阿姨”者。由于此“小阿姨”开始跟随赛金花的时间已在洪钧出使回国以后，所以她对赛金花嫁洪以前的事迹并不清楚，所以才会闹出“曾孟朴吊膀子不遂”的笑话来。绮楼君还说，当时在北平的老一辈人物，知道小阿姨冒赛金花之名以谋衣食者颇不乏其人，只是大家不愿意因揭穿其中秘密而让小阿姨没法子活下去，所以大多隐忍不言，他自己即是其中之一。照此说来，则赛金花历史之所以会在民国十年以后忽然中断，分明就是她在此时之后便已死了，到民国二十年以后再度出现的赛金花，不过只是李代桃僵的赝鼎而已。关于赛金花故事的三大矛盾，亦只有在这种情形下才能廓清其中疑窦。

同是一个赛金花，细加追究，原来却有真假之分。根据新闻报导，民国廿五年十月廿一日，年老无依的赛金花因贫病交迫而死于冻馁，厥状至惨。但因这个赛金花实际上只是冒名顶替的西贝货之故，早在民国十年以后就死的正牌赛金花，其最后的命运必不致如此之惨。所以，好心的读者如因此一报导而对死于贫病饥寒的赛金花寄予无限哀伤同情者，大可宽心告慰，因为真正的赛金花早就死啦！

# 陛辞与跪安

## 《明会典》

由于时代变迁，现代人对于专制时代的若干仪制礼节，多已不甚了了，以致在叙述引用之时每生错误。如本文所谈之陛辞与跪安，即其一例。

《辞海》释“陛辞”一辞之意义，曰：“陛辞，臣下谒见天子后，辞别而出都也。”其实则在专制时代，臣下需要陛辞之项目甚多，岂仅朝见辞别之一项而已。见于《明会典》中的记载，文武官员对皇帝作辞别，除了朝见辞谒之外，尚有赴任出京前之辞谒，钦蒙赐祭赐葬出京之辞谒，奏准给假完娶出京之辞谒，重要公务奉差出京请训之辞谒等，项目极为繁多。由于人数不少，明朝政府所定的规矩是：凡属辞朝出京之官员人等，均须先期至鸿胪寺报名，由鸿胪寺汇齐名单后，在常朝之日带领至午门前叩头行礼，完成辞朝之礼节后自行启程出发。照此规定，只有重要公务出京前之请训辞谒，才需要由皇帝亲自召见，以给予必要之训示，其余人等都只是在午门前叩头行礼而已。由明朝的制度推想到明朝以前的朝代，大概也不例外，例外的情形只出现在清朝。

清朝的皇帝，在中国历史上被称为最勤政，不但一月三次的“常朝”很少借故停辍，便是在寻常日子里，也还逐日出临便殿，召见全班军机大臣，共同商决军国大事。至于大小臣工遇有要事可以“递牌子”请求召见，以及京官四品以上外官三品以上除授新职，亦必由皇帝召见垂询，更是清朝政治史上的惯例。因此之故，见于《清会典》鸿胪寺职掌中的新任官员陛辞，实际上只是在领凭、领敕之前的照例谢恩，在谢恩之外，例应召见的高级官员还是需要等候皇帝召见，俟召见之后方能出京赴任。在如此这般的情形之下，鸿胪寺职掌中的陛辞谢恩，实际上只保存了旧时的仪式；真正的陛辞出都，对于较高品级的文武官员来说，必须要在召见之后，听候皇帝的指示决定。

清朝皇帝召见重要臣工，然后在召见完毕后指示其陛辞出都的情形，在被召见诸人的传记资料中常有具体的纪录保留。查看这些人所留下的纪录，可以知道召对谈话中的“跪安”一辞，与实际的陛辞有何关系。

曾国藩手写日记中记有他在同治七、九两年两次入觐召对的经过情形，其纪录内容包括当时君臣对话之全部问答，可称详尽。由曾国藩的记述，可以知道清朝皇帝召见臣工之时，是否使用“跪安”一辞，以及此二字的实际意义为何。

同治七年七月，曾国藩奉旨由两江总督调为直隶总督。十月间交卸江督，十一月初四日由金陵启程北上，入觐。十三日抵京，十四日即蒙两宫皇太后召见。此后复于十五、十六两日连续召对两次，至次年正月十七日又再召对一次，旋即启程赴保定到任。十一月十六日召对的那一次，皇太后问他，几时到直督之任？曾国藩对曰：“臣离京多年，拟在京过年，朝贺元旦，正月再行到任。”当时离过年还有一个多月的时间，皇太后对此未置可否。当奏对既毕，曾国藩退出养心殿时，亦无“跪安”之说。至翌年正月十七日召对，曾国藩曾在事前进呈奏折，表示即将前往保定到任，请求皇太后皇帝赐予训示，所以在奏对时被问到很多有关直隶政治军事之事。在问话完毕之后，“皇太后顾带见之惠郡王云：叫他就跪安。”于是曾国藩从跪垫上起身，后退几步再行跪下，口称：“臣曾某跪请圣安。”奏毕之后再起立退出，这才算结束了前后历时两月有余的入觐请训。以各次入见奏对的仪节与正月十七日的那一次相比，最后一次中的“跪安”仪节显然与前此各次不同。

同治九年九月，曾国藩因办理天津教案不惬舆情，奉旨由直隶总督调回两江总督，九月廿三日由天津启程进京，廿五日抵京，翌日即至养心殿叩谒皇太后及皇帝。这一次入觐，曾国藩先后蒙召见三次——九月廿六、廿七各一次，十月九日一次。与同治七年的入觐情形相比，十月九日的那一次召见，慈禧太后在问话完毕后也曾对带领入见的六额驸景寿说：“令他即可跪安。”于是曾国藩遵谕起立，“退至帘前，复跪请圣安，旋即出乾清门”。

曾国藩两次入觐，在最后一次的召见时都曾由皇太后示意“跪安”，又在跪安后便即结束了连续数次的召对，而不到最后一次召见结束之时并无“跪安”之礼节，可知跪安即是示意令其告辞的必有举动，在入觐尚未结束之时，必不有此。这虽然只是一项推测，证以骆秉章、冯煦、段光清等人的传记资料，似乎都有相同的记述。

骆秉章在道光二十八年冬间，由翰林院侍讲学士补授湖北按察使，具折谢恩，蒙皇帝召见。据年谱所记，这一次的谢恩召见，亦曾召对两次。第一次在十二月廿八日，将结束时，皇帝说：“将近过年，明日毋庸来递牌子。正月初四、五汝再来递牌子，见汝两三面即可起程赴任。”正月初四日骆秉章再递膳牌，当蒙召见，问话完毕后，皇帝说：“今日即可跪辞，可择一好日子起程赴任”。由“跪辞”联想皇太后所示意于曾国藩的“跪安”，可知二者的意义似无二致。这在段光清的自撰年谱中有更清楚的记述。咸丰九年，浙江宁绍台道段光清奉旨升授本省按察使，入觐。在三月间连续被召见五次。前四次召对完毕之时，皇帝都说一句：“明日再递牌子。”至第五次召对完毕时，皇帝说：“尔且跪安回省。”遂结束连续五次的召对。这临别跪安的礼节，在冯煦所撰的《蒿叟随笔》中有极清楚的记述，可以参看。

光绪二十九年，冯煦以新任安徽布政使身份入觐，在勤政殿蒙皇太后皇帝召见。这一次的入觐亦曾先后召见二次。第一次召见入殿时，冯煦先向皇太后座前跪下，口称：“臣冯煦跪请皇太后圣安。”起立后再至皇帝座前跪下，口称：“臣冯煦跪请皇上圣躬万安。”然后起立至军机垫右角跪下，恭聆训示。第一次召见完毕，皇帝说：“你去罢！”冯煦乃侧行退出殿外。至第二次召见入殿之时，虽无第一次召见入殿时之跪请两宫圣安，但在召见完毕，皇帝对他说：“你跪安罢！”于是又将第一次召见入殿时分别向皇太后皇帝跪请圣安的礼节又重复演了一遍，然后退出殿外，结束了这一次的入觐召对。由此可见，所谓“跪请圣安”仍是外臣入觐时初见与临别时方有的礼节。初见时由外臣主动跪请圣安，至入觐结束，皇帝意欲此人辞别出京，乃由皇帝主动示意令其跪请圣安。等到行过了这一礼节之后，这一趟朝觐召见就告结束，不用再递牌子请见了。这种礼节，既可称为“跪安”，亦可称为“跪辞”，其意义等于正式的陛辞，只是其语意不甚明显而已。

由于近代人对清朝的仪制礼节不甚明了，在很多清宫小说及戏剧中，描写皇帝召见臣下时，每一位都用“你跪安罢”作为示意臣工退下的表示，实在大不妥当。就实际意义而言，所谓“跪安”，就是“跪请圣安”之后“告别皇帝”之意，军机大臣与亲贵人等日日与皇帝见面，今天退下，明天仍有必要再见面，岂有“跪安”之理？所以这虽然只是一桩极小的掌故故实，其中也需有分别，不可不加以注意。

# 清代旗人奴婢的赎身问题

红学专家赵冈先生近于报端发表《红楼梦与中国传统的奴婢制度》一文，赵先生说，中国古代的奴婢，分为官奴婢与私奴婢两种，官奴婢来自罪犯或战俘，私奴婢则来自鬻身。但赵先生又说，满人入关之初所带进来的奴婢，无赎身权，所以他们世代为人之奴，其名谓之“家生子”云云。来自罪犯没入的官奴婢当然没有赎身权，但满人入关之初所带来的奴婢，其来源为战争中所俘掳的汉人，这些人究竟算是官奴婢还是私奴婢？他们真的永无赎身之权吗？看来似乎颇多疑问。

清在未曾入关之前，曾与明朝政府进行历时二十余年的长期战争，中间更数度由热河山地入长城隘口，在山东河北等腹里地区大肆烧杀劫掠，俘掳中国男女丁口无数，这些人后来就成了满人入关时所带来的汉人奴婢。论身份，他们只是在战场上被掳去的汉人；论性质，则他们都已成了满洲八旗之下属于私人所有的奴婢。但无论从哪一个角度看，他们都不具备“官奴婢”的身份，为何满洲八旗的奴隶主人可以硬性规定他们不准赎身？这个问题显然还需要事实上的举证方才具有说服力。

满人入关之初，以征服者的姿态在近畿各地大肆圈占汉人的土地，以之分配给予八旗的战士，作为他们的战争酬劳。得到大量土地的满洲人需要极多的劳动力来耕作，如此方能发挥土地的生产力。由于地多人少，满人带进关来的汉人奴婢为满人耕田地尚且不敷，他们怎会准许汉人奴婢赎身为民？这是基于事实需要而来的限制，并非谓汉人一旦成为满人的俘虏奴婢之后即无赎身之权。下面所引举的资料，亦可作为鄙说之佐证。

瞿宣颖所编《中国社会资料丛钞》甲集卷下“宁国府世仆”一条，引用雍正年间安徽按察使刘柟之奏疏称：“雍正三年二月内，户部议覆查思哈之条奏内开：‘旗下奴仆，若果系数辈出力之人，伊主念其勤劳，听其赎身为民’等语。则是服役已历数世，亦当念其勤劳，放出为民”云云。据此可知，满人入关初年，之所以不准汉人奴婢赎身为民，完全是满洲八旗奴隶主之私心作祟，并非法律不准赎身。既然如此，这些被掳汉人并非官奴婢，事实亦复非常明显。至于因犯罪谪发为奴的“官奴婢”，虽然依法不得赎身为民，是否亦无例外情形呢？下面所引据的资料中更有极明白的解答，可供参考。

署名采蘅子所撰的清代笔记《虫鸣漫录》卷一，有一条说：

> 道光乙未，余谒选入都。一日，游戏内城，信步所如，少倦，憩茶肆，独据一席。须臾，有老翁携白鸽笼至，四座皆满，乃就余席而坐。发须皓然、衣服布素，然眉宇开朗，殊不类贫家，而举止卑简，又不似贵显，余心异之。渐与接谈，询其出处。轩渠良久，绰髯曰：“客不嫌繁琐，请述其详。予，故和府三爷也。当中堂用事时，声势赫然。凡四方献其珍者，皆有副贡，与进上物无二，甚有加美于正贡者。司阍刘某，发种种，人称刘秃子，与督抚抗衡，或相约为兄弟，司道以下，望而却步，必赠我等重金，为之先容，尤须厚赠刘，金入，始获接欢笑，代通刺达主人。封疆大吏入都，可晋谒一二次；藩臬道府则俟主人出，舆前

长跪，颔之而已。如是者几十载，不特刘某拥巨赀，我亦积蓄二十万。及事败，主人伏法，刘亦籍没远戍。我辈三十人，以贱得免查产，仅分给八旗披甲为奴，我隶镶蓝旗某部下。因向有富名，旗主垂涎，派司买办，日发单令备，不旬日，费约三千金。惧甚，夤缘小女婢求老主母，以二千金为寿，始改派洒扫，乃稍安闲。旗主故任宿卫官，扈驾谒陵。乘隙央女婢，谋脱籍，赠以二千金，乃达于老主母，复献二万金。迨主归，数日无耗，心怦怦然。忽一日清晨，我正执扫除役未竟，主出，訾以懒惰，又屡梗老主母命，不堪驱使，即时逐出，乃得归。然所费已三万余矣……

依照旧时的律例，罪犯谪发为奴者，非奉恩赦脱籍，不能恢复其自由民的身分。和珅的家奴因罪谪发八旗披甲为奴，其情况应无例外。然而此人在辇致重赂以后，居然可由其主人以“懒惰抗命，不堪驱使”为理由，逐出主家，表面上是不许容留，实际上无异免除其奴役义务，看来实在使人诧异之至。中国人向多“瞒官不瞒私”的舞弊方法，这大概亦是其中之一端。而且亦不仅此人以此法舞弊得赂而已，大概诸如此类的情形早已有前人开其例端，否则此人何从得此妙招？又如何敢有此胆量公然得贿卖放？明乎此，则即使谪发为奴之官奴婢依法不能赎免，亦自有其脱身之法，可供赵先生大文之参考也。

# 翰林生涯望考差

## 地望高华而每虞空乏

科举时代的翰林，地望清华，身份高贵，向来被认为是读书人至高无上的光荣。然而清代的翰林实在难为，其原因不外两点：第一是得缺太难，升官不易；第二是官俸太薄，支持为难。明代的翰林虽然也是穷京官，然而其得缺易而升官快，即此已胜清代翰林万倍。清代的翰林，能够在如此困难的情况下撑得下去，势必须有另外的经济来源为挹注不可，此所以要说，“翰林生涯望考差”也。

清代制度，新科进士中的三鼎甲——状元、榜眼、探花，榜下即授职翰林；状元授职翰林院修撰，秩从六品；榜眼探花授职翰林院编修，秩正七品。其余进士，经朝考优等者选为庶吉士，三年教习期满，考试成绩合格，二甲进士授编修，三甲进士授检讨。检讨的品秩较编修又低一级，从七品而已。七品的编、检，每年春秋二季各发俸银一次，实领纹银四十五两，俸米四十五斛。二季相加的年总所得，是银子九十两，米九十斛。照十二个月分摊，则一个月的所得数不过只有银子七两五钱，俸米四石不到。官居翰林而所得仅此，如果是携家带眷来到京师“做官”，这戋戋的所得之数，如何能维持其生活呢？

清道光十八年，宁乡梅钟澍中三甲进士，选为庶吉士，三年后散馆考试不及格，授为礼部主事，从此与翰林无缘。其旧时业师马维藩致书慰藉，颇以钟澍之不能得翰林为憾。钟澍作书复之，甚不以师言为然。其原信所说如此：

> 钟澍年甫四十，精力早衰。假使博检讨头衔，势须终日作楷字，苦我手眼矣。清俸数十金以外，何以自存活？势须终岁教书，苦我心血矣。教书纵能自给，何以养南方待哺之家？势须每月借贷，每年借贷。幸而一得差囊，犹可稍稍补苴。不幸而一不得，又不幸而又不得，则坐困矣！即令偶有所得，而以积年之逋负，取偿于三年之差囊，以一救万，其何能济？故有差竣甫返之日，即是借贷过年之时，不及十年，而债台累万级者比比也，如是则终身困。

作翰林何以必须终日练习正楷字？这是为了希望考“考差”得隽而必须练习的“白折子”。白折子写不好则考差无得隽之希望，然而写白折子亦实在是十分辛苦的事，更可见得考差之不易。由梅钟澍的信可以知道，清朝的翰林官，赖正常的月俸绝无法生活，即使可藉教馆以资维持，然而仍不能养家活口，则又必须仰赖于借贷。债务一多，偿债的指望仍然只有寄托在“放差”身上，则白折子又岂可不练哉！梅钟澍年甫四十而精力已衰，费眼力费手力的白折子已经无法再写，显见当翰林并无前途，所以他宁愿改任部属亦不希望能当翰林。由此亦可得到一项结论，翰林生涯望考差，其说殊有根据，并非杜撰之词。

清朝人所编的笑话书《笑笑录》之中，有一则描写翰林生活穷困的笑话，说：

> 翰林官地望高华，而每虞空乏。近某太史作诗云："先裁车马后裁人，裁到师门二两银。惟有三餐裁不得，一回典当一伤神。"可发一笑。

所谓"太史"，通常指翰林院中专司纂修史书的修撰、编修、检讨而言。这些由新科鼎甲及庶吉士散馆而来的太史公，在翰林院中并非属于实缺的翰林官。清代的翰林院，编制中的官员们只有侍读学士、侍讲学士、侍读、侍讲各五员，合计二十员，其中满缺四成而汉缺六成，汉缺实止十二员而已。额缺如此之少，不占额缺的修撰、编修、检讨却因三年一科继续不断地产生之故，经常累积至一二百人之多，待升实缺，其难可想。虽然詹事府亦为翰林院升转之地，而詹事府的编制员缺并不比翰林院更多，欲以此纾解翰林升缺之困难，情势依然仿佛。所以，在清朝时，点翰林以后等"开坊"（意即补实缺）的时间常常可以长达一二十年之久，最快捷的办法是在"翰詹大考"中考列一等或居二等之前茅，则七品之编修与检讨可以躐升至五品之侍读、侍讲，居二等之中者，亦有补缺之望。然而大考得碰运气，毕竟不是可以操券而得之事。然则欲在京中株守待缺而又要能够熬得下这一分其寒彻骨之清苦生活，惟一的指望，当然只有藉"考差"之收入以资调剂了。梅钟澍信中所说的"差囊"，即指此而言。

## 十年樵米资取办于此

清末时人况周颐所撰之《眉庐丛话》，有一条关于翰林放学差的"差囊"所得情形，说：

光绪季年，闽人某太史督学中州，卸任回京，道出保定，宴于某方伯衙斋。太史与方伯，旧交也。酒间，方伯笑问："此行宦囊几何?"太史则据实以二万金对，盖应得之数，无庸讳言者也。又问："将何用之?"对曰："冷官清苦，回京后，十年樵米资取办于此。十年之内，或冀放差；否则，比其罄也，亦去开坊不远矣。"

清代时的翰林放差，通常有三种情形：一是"学差"，即钦点各省之学政，其职掌专在取进全省各州县之秀才并考核在学秀才之成绩，以三年为一任，期满另派，但亦可连任；二是"考差"，即每三年一次派遣正副主考官前往各省主持乡试，差毕回京复命；三是"房差"，即在会试之年派为阅卷之房官，或在乡试之年派任顺天乡试之同考官。这三种考差的"差囊"收入多寡，清人何刚德所撰的《春明梦录》中有一段文字详记其实际情况，抄录如下：

从前京官，以翰林为最清苦，编检俸银，每季不过四十五金，所盼者，三年一放差耳。差有三等，最优者为学差。学差三年满，大省份可余三四万金，小亦不过万余金而已。次则主考。主考一次可得数千金，最苦如广西，只有九百金。若得乡、会房差，则专恃门生贽敬，其丰啬以门生之贫富为转移，大率不过三百金上下，亦慰情胜无耳。

## 应考差虽贤者不免

由于三年一次的学差与考差有如此丰厚的入息，对于生活清苦的翰林官自然有极大的经济助益。所以在清朝时，凡是身为翰林官者，无不视"得差"为莫大之幸事。一任学差，固然一二万两银子可得，即使点一趟乡试正副主考官，辛苦个两三个月之后，亦可得数千金。有了这些额外收入，"十年樵米”之资有了着落，至少可以在京里挺得下去，如其不然，真的只好“先裁车马后裁人”、“一回典当一伤神”了。但十八省的学政与正、副主考官，通共只有五十四人，再加上顺天乡会试的房官，充其量亦不过只有九十余人而已，以两三百个翰林、詹事府官及各部院中具有进士资格可以前来竞争考差的人凑合在一起，大家同时竞逐这九十余人的学、考、房差，其得隽亦非易事。为了希望能够被点中，大多数的翰林官每逢考试“考差”之时，大都必须临阵磨枪，以求榜上有名。清代名臣林则徐，考中进士之后曾在翰林院做过几年太史公。由他当翰林官时的日记中可以知道，当时他为了准备“考差”，也一样花了很多时间从事准备，真可谓“虽贤者不免也”。

根据林则徐在嘉庆二十一年所写的《壬子日记》，可知皇帝曾在此年五月初一颁布旨意，宣布定期考试“考差”。五月十六日在圆明园正大光明殿考试四品以下官员，五月二十四日在尚书房考试二、三品京堂。前者谓之“小考差”，后者谓之“大考差”。林则徐当时官居七品编修，只能参加“小考差”。旨意既颁，五月初六日，林则徐便与其僚友廖钰夫等人同到圆明园附近的爪葛墩租定“考寓”，以便准备功课。此后几天，他逐日均与其同人“诗文会课”及“写折子”。至十六日寅刻，齐集圆明园正大光明殿，与试者共二百零九人，考二文一诗，派定之阅卷大臣为大学士董诰等八人。二十四日再考二、三品京堂，与试者共三十一人。从六月初一日起，开始简放此年度的乡试考官及各省学政，这一天派出的是云贵二省的正、副主考四人。十二日，续点福建、广东、广西三省的正、副考官。十九日，又点四川、湖南二省的正、副考官。闰六月初十日，湖北、浙江、江西三省的正、副考官同日点放，林则徐就在这一天被点放为江西乡试的副考官。再过几天，他就在匆忙收拾行装之后，与正考官吴存美一同起程前往江西主持这一年的乡试了。

看林则徐《壬子日记》，可知他对于应考差之必能中选，具有充分之把握。日记在他五月十六日应考差过后接连多天，一直在家中忙着书写对联、条幅、册页、扇面等物，凡此皆所以准备钦点考差之后作为赠送当地官员之礼物者，不如此则无理由可以接受当地官员所馈赠之“程仪”，而此项程仪即是出一次试差所能获得之“差囊”也。林则徐何以知道他在参加考差之后就必能中选？这显然与他的书法有关。

清朝自嘉庆、道光以后，翰林书法，以字画端正，墨迹浓厚为能够入彀之条件。作翰林写白折子，所练习的就是这种书法。嘉庆时官至礼部尚书的龚守正曾经说过：“凡考差之试卷，字迹宜端秀，墨迹宜浓厚，点画宜平正，则考时未有不入彀者。”林则徐的书法佳妙，平时又写惯了白折子，深谙端秀平正、黑大光圆之诀窍，当然合乎中选之条件。试看他在作过一次江西考官之后，又点放过一次云南主考，就可知他之屡考屡中，自有其必胜之理。

## 团圞明月更增愁苦

清代的翰林官，仅修撰、编修、检讨这三项人数，在嘉庆道光之后就积累至一百数十人至二百人左右，得缺甚为困难，除了希望藉大考得意升官之外，其次的希望就在点放考差了。清人方濬颐所撰《梦园杂说》，有一段话特别强调此点，说：

先大夫一生，以未得甲科为憾，且阅历宦海风波，知其危险。予以幸叨馆职，大慰慈怀，惟谆谆诫以能耐清苦，开坊便成正果，若御史、清秘堂，终属旁门捷径，汝得之，非吾所愿也。翰林但得外差，便可吃著不尽，汝其勉之。

所谓“外差”，即是本文所说的“考差”，其范围包括学政、乡试正副主考官及会试同考官等等。清代京官，以最简单的房屋、车马、仆从、婢妇及衣着日用，交际应酬等项计之，一年中总要开销上千两银子，稍涉糜费，便无底止。穷翰林的全年额俸只有一二百两银子，其何敷用？所以无怪乎人人企盼考差得中而且能钦点大省学政，以便差囊充盈，吃着不尽。学差不得，则考差亦差强人意。最不济的，弄到一个会试同考官或者顺天乡试的房考，则所得仅只三四百两银子，未免难堪。不过这毕竟还是有些想头的，若是连房考的差使亦不能得到，岂不是更难堪么？从前曾有一首打油诗讽刺翰林官对考差之热中，曰：

自从云贵盼山东，盼到山东又落空。

学政乡房都过了，团圞家宴月明中。

清代制度，三年一次的考差点放，照例先从最远的省份黔、滇二省点放起，依次及于最近的山东，时间约在七月中旬。八月初一日点放各省学政，初六日点放顺天乡试的正副主考及十八房同考官。盼望放差的翰林从点放云贵二省望起，望到八月初六，如果还是榜上无名，当然可知今年的一切希望都已落空。即使尚有明年的会试同考官希望，亦已意兴阑珊，趣味索然了。此时业已节近中秋，除了望一轮明月而兴叹外，尚有何事可做？穷翰林借债度日，放债人在借款之前，必先打听此公过去曾否放差，以及近来考试差之情形如何？如果是年年无放差希望之黑翰林，放债人连银子都不肯借给你了。在此情形下，中秋节的团圞明月，恐将引起更多的烦恼与愁苦，因为借不到银子的穷翰林生活，更难维持下去啊！清代翰林之穷一至于此，恐怕不是现代人之所能想像的吧！

# 麻雀诗钟·亡清之宗

## 此说出自冯煦之口

麻雀，即今之麻将，乃赌博之一种；诗钟，则是文人雅士的击钵联吟。赌博可以破家，但似不致亡国；至于击钵联吟的诗钟，更是极高尚的风雅之事，又何致罪同麻将，诋之为“亡清之宗”呢？所以，这两句话乍看起来，实在很使人觉得不可思议，然而事实上却又颇有道理。

所谓“麻雀诗钟，亡清之宗”，这两句话乃是民初遗老之一的冯煦所说。冯煦，在辛亥革命前两年，是清政府的安徽巡抚，居官颇有政声。入民国后不仕，以遗老身分终。他所著的《蒿叟随笔》，其中有一条说：

> 桐城张文端尝有小印一方，镌四语云：“马吊淫巧，众恶所归，纸牌入手，非吾子孙。”盖文端于赌具中最恶马吊，谓其有巧思，聪明人一入其中，即迷惑而不知返，故垂为家诫。此语见文端子文和公所著《澄怀园语》。马吊盛于明清之交，然犹士大夫始能为之，未尝遍通国也。若今之麻雀，则光绪中叶自上而下，靡然成风。昔黄仲弢前辈酷嗜之，几不可一日无此君。其提学湖北时，张文襄方督两湖。前辈娶文襄兄女，日

则相从为诗钟，又以其隙为麻雀。前辈本仲宣体弱，竟以是戕其生。

上文所说的“桐城张文端”，乃是康熙时的有名宰相张英；“张文和公”，则是张英之子张廷玉，历相雍正乾隆二朝，亦甚有名。至于黄仲弢，则是光绪初年号称四谏之一的翰林学士黄体芳之子黄绍箕，光绪末年曾任湖北提学使，与张之洞（按即张文襄）的关系甚为密切。这一段话，从张英痛恨清代初年流行于上层社会的“马吊”说起，说到黄绍箕因做诗钟与打麻将之故，辛劳过度，竟至送命为止，把麻将与诗钟二件绝不相干之事连在一起，虽然还没有提到诗钟之害，但总算已“入题”了。其下续云：

诗钟者，拈不相类之二字嵌之七字句中，以工巧无痕者为上。文襄每午夜则集幕中文士以为常课，钩心斗角，各出其奇，得一佳联则互相欣赏，若不知所任为何职，所镇为何地也。方是时也，京外衮衮诸公，上者为诗钟，次则为麻雀，则政事之善败，人材之良窳，民生之枯菀，举不屑之意也。曾不二十年，而国不国矣。予亦有二语曰：“麻雀诗钟，亡清之宗。”

冯煦以前清遗老而惓怀故国，因而不禁对造成清代末年政治败坏的两项不良嗜好痛加诋斥，虽似言之过激，而衡情酌理，仍值得后人的同情与原谅。亦正因为冯煦有这两句忿激不平的话，究竟他所说的是否有其道理，也很值得加以注意。自古以来，没有永远不亡的朝代。而一个朝代之所以会走向灭亡之路，在很多地方都是积渐所致，非一朝一夕能形成，在政治风气方面尤其如此。既然麻将与诗钟都是当时官场人士的好尚之事，当然会在政治与社会各方面发生一定的影响。这个问题之所以值得注意，理由在此。

# 光绪中叶以前风气淳朴

清朝政府在同治光绪之前，一向是中央集权，所以政治风气的影响力全在中央政府。而自光绪中叶以后，督抚的权力日重一日，中央政府则因事事曲徇各省疆吏的请求之故，自用人行政以至财政经济等各项权力，都逐渐转移至地方。相形之下，各省督抚俨如独立的小朝廷，政令所出及人事安排，悉以总督巡抚之意旨为指归。于是各省督抚成了全省大小官吏的趋奉目标，钻营请托，花样翻新，奔竞之风盛极一时。凡此种种，只要看李伯元所撰的《官场现形记》与吴研人所撰的《二十年目睹之怪现状》二书，便可明了其大概。但这毕竟只是外省的情形，其原因由于清末的捐班官太多，正途出身的进士举人等相对地受到压力，官多而缺少，为得缺与得差计，自然必须钻营巴结，否则凭何能得上司之青睐？张之洞在湖广做总督，因好尚诗钟而属吏靡然成风，亦是做官门径的一个实例，这里暂不深谈。所需要先提出来作一比较的，乃是中央政府方面的风气变迁情形。说到这里，我们可以先看一些有关方面的资料记载。

瞿宣颖撰《杶庐所闻录》，“京曹”一条说：

> 有清一代，京曹官最为清苦。巧宦于此间肆夤缘伎俩，数年可冀得京察，外简道府，若儒素安贫者，则止藉此闲曹为读书求友计，一代中以学术经济鸣者，其得力多在为京曹官时。今传世日记最富者，曾文正李越缦，试观其在京时逐日所为，可知当时风气矣……

又说：

往时京官，俸入无多，仅恃同乡印结，每年分得百数十金为活，景况艰窘可想。大抵道光季年，张石舟、何愿船等提倡经济，倭文端、曾文正等宗尚性理。光绪初年以至中叶，翁文恭（同龢）、潘文勤（祖荫）等扢扬风雅，宝竹坡（廷）、陈弢庵（宝琛）等砥砺名节，京曹人才号为最盛。风会所趋，虽手无斧柯，亦俨然负朝野之望。此辈取迳不同，而不事王侯，高尚其事，超然尘壒之表则约略相似。一自光宣之交，外省奔竞之习输入京师，侈然以声色货利相尚，而前辈淳雅之风气，几于扫地矣。

照这一段话所说，清代的京曹官员，一直到光绪中叶为止，都能保持朴实高尚的儒雅风气，虽然生活极为寒窘，仍然能谨守绳墨，循规蹈矩，而且以其余闲从事于学术文艺的研究创造。惟一例外的是其中亦不免有一些巧宦热衷，善以趋附逢迎的钻营手法取得上司的欢心，在三年一次的京察时得被列为一等，藉此外放道府，以遂其功名富贵之愿，如此而已。

## 光宣之间风气大变

瞿宣颖的话，并非全无根据。考之较早时人的著述，亦有相似的记载。例如在光绪末年曾任御史，并颇有耿直敢言之风的胡思敬，便曾在他所撰的《国闻备乘》一书中说：

道光时，京朝士大夫好谈考据训诂。其后梅曾亮、曾国藩倡为古文，邵懿辰、龙启瑞、陈用光、王拯、朱琦皆从之游，一时为文者，虽才力各有不同，皆接踵方、姚，尊尚义法，各以品谊相高。光绪初年，学派最杂，潘祖荫好金石，翁同龢、汪鸣銮好碑版，洪钧、李文田好舆地，张之洞好目录，张之万好画，薛福成、王先谦好掌故，虽不能自成一家，亦足觇其趋向。予甲午至京，祖荫死已久，之洞外用，先谦被斥旋里。及戊戌再来，翁、汪先后忤旨归，洪、李亦皆物故。其时太常卿袁昶好为诗歌、刻书籍，王懿荣、盛昱精赏鉴，收藏甚富，彬彬有儒雅风。近数年来，崑冈好饮，裕德好洁，徐郙好优伶，奎俊好佛，徐琪、曾广銮好狎邪游，张百熙好搜罗浮薄名士。诸王贝勒若善耆、溥伦好弹唱，那桐、胡燏芬一意媚洋，好与西人交涉。其四品以下京官，奔走汇缘求进者，终日闭车帐中，好弔死问生宴宾客，其鄙陋者好麻雀牌。

为什么自光绪初年至光绪末年，京朝士大夫的好尚会有如此不同的雅俗之别呢？这一层，显然与当时废科举，行新政的政治变革有密切关系。说得清楚一点是：在科举考试制度尚未废止以前，科举考试被目为读书人的仕进正途，所以不但一般安分守己的读书人要从八股时艺中去寻求出身，即是那些已从进士举人中得到出身的官吏，亦皆恪守仕途常规，循分供职，以平流渐进为服官之本分，并不敢存非分觊觎的侥幸之心。但自光绪末年废科举、行新政之后，旧时为人所重的翰林进士资格顿时失去了重要性，而一般弋虚名、博时誉的躁进之士，虽无正当出身，也一样能在极短的时间内窜致高位，稳取富贵。这就在一向安分守己的京朝士大夫中引起了极大的反响，使他们憬然了悟到旧时的平流渐进做官方式已不合时，非效法时髦，以钻营奔竞之法获得大有力者之汲引，决难飞黄腾达。这就是瞿宣颖所说的，“一自光宣之交，外省奔竞之习输入京师。侈然以声色货利相尚，则前辈淳雅之风，几于扫地矣”。瞿宣颖把风气转变的时间定为光绪宣统之间，其说法甚有见地。因为清代末年废科举，行新政，都在光绪末年陆续见诸实施，其所发生的后果，有如立竿见影，不久就收到一定的功效。

凡此情形，在瞿文中虽然未详细说明，在胡思敬的《国闻备乘》中则颇有佐证可寻。《国闻备乘》卷一，“京官变局”一条说：

> 资格破而词林衰，吾于丙午裁卿贰见之。保荐开而世族盛，吾于丁未设丞参见之。当丙午厘定官制诏下，汉大臣同时失职者十一人——工部尚书陆润庠、兵部尚书吕海寰、吏部左侍郎李殿林、右侍郎张英麟、户部右侍郎柯逢时、礼部左侍郎李绂藻、兵部左侍郎秦绶章、工部右侍郎刘永亨、都察院左副都御史陈兆文、大理寺卿管廷鹗，皆翰林也，惟葛宝华以部曹进。盖自詹事府国子监次第裁撤，废科举，罢督学典试使差，各部设丞参，九卿多用异途，编检别为风气，清望顿减，盛极而衰，亦其变也。丞参不分满汉，满员同时用十一人，皆藉门望以起——民部左参议裕厚，为学部尚书荣庆胞叔；礼部左丞英绵，为大学士麟书子；右参议良揆，为大学士荣禄子；商部左丞耆龄，为江宁将军诚勋子；邮传部左参议那晋，为大学士那桐弟；吏部右丞宝铭，为署度支部侍郎宝熙弟；右参议毓善，为大学士福润子；陆军部右参议庆蕃，为礼部尚书贵恒子；其弊视魏晋九品中正，殆有甚焉。

## 钻营奔竞之风气输入京师

在科举考试制度未废之前，举人、进士与翰林方是正途出身的有资格者。现在科举制度废除了，最值钱的翰林也被打入了冷宫，更何况进士与举人？与这情形相反的，从前最被人看不起的异途——保荐与门荫，却一下子翻了身，凡是在朝中有奥援的大人物子弟，十九都得到了美缺。相形之下，无异是在对人说明：只要朝里有人，甚么官都能做得，根本不必问出身与年资。

这种情形造成了官员进用的大混乱。于是，出现在《官场现形记》等等谴责小说中的外省官吏钻营奔竞之风，被引进到了北京城中。于是，昔日平静朴实的政治风气变质了。这种情形，在《国闻备乘》卷二，“新衙门争权”一条中另有详尽的描述，云：

旧制：京员签分入部者，其途有四，曰进士，曰拔贡，曰荫生，曰捐纳，非由此四途，虽枢府大僚欲位置一人不能也。部务皆有成例，尚、侍欲以己意相高下，曹郎得引例争之；曹郎欲出入轻重于其间，胥吏援例以请，亦不能强辞辩也。其处理未协者，虽奏闻请旨，疆臣辄拒不受。自总署改外部，商部、警部、学部接踵而兴，用人行政，本无轨辙之可寻，移文提取，动辄数十百万，指名奏调，动辄数十百人。奔走小吏，汇缘辐辏于公卿之间，投其意向所趋，高者擢丞参，次者补郎员，人不能责其徇私。朝三而暮四，此是而彼非，语言相轧，权力相倾，苞苴相唯诺，人不能责其乱法。

以下接叙各新衙门攘夺权力以营私自便的情形，因与本文无涉，不赘引。而由上文所引可以知道，由于科举考试之废除，使得握有权力的朝中显要可以随意拔擢私人；由于新设立的衙门并无成规可循，所以用人也不必依照各部的已往成规，而奔竞汇缘者得以乘机得利于其间。总而言之一句话，清代末年废除科举，行新政的结果，是用人行政方面的一大变局，而这种变局正是导致奔竞钻营之风大盛的主要原因。再有另外一种原因，便是由于清末的捐官之费大减，任何人只要朝中有显要可资援引，就不妨花点钱捐个道台，以此取得入仕资格，虽巡抚侍郎不难到手。《国闻备乘》卷一，“道员诡遇”一条说：

故事，督抚出缺，循资用藩司护理；藩臬以下，依次递推，各行省皆然。丁未五月，锡良由蜀迁滇，超四阶用建昌道赵尔丰护总督，两司侧目而视，既事权所属，不得不隐忍事之。至摄理司篆，但凭督抚取舍，以一疏入告，无有议其专者。毛庆蕃以通永道署直隶藩司，吴煦以惠潮嘉道署广东藩司，此犹实缺也。赖鹤年署四川藩司，张鹤龄署湖南藩司，则皆试用道员，纳赀捧檄初至，较毛、吴为尤捷矣。是时事例大减，由俊秀径捐道员，只二千余金，中外显宦，大半因之以起。段芝贵由试用道得巡抚，赵秉钧由试用道得侍郎。刘式训、胡惟德，黄诰由试用道得出使大臣，卢靖、方旭由试用道得提学使，刘世珩、施肇基由试用道得参议，陈昭常、姚锡光由试用道得左右丞，张德彝由试用道得都统，吴煦由试用道得提法使，朱启钤、荣勋由试用道得厅丞，刘永庆、李准由试用道得提督，黄忠浩、徐绍桢由试用道得总兵。

## 捐纳而有奥援可以立致高官

试用道，就是《官场现形记》等书中所描写的候补道，秩四品，乃是捐纳中的极品，但亦可加捐至二品顶戴，赏花翎。捐官而至道台，本是纨袴子弟炫耀其财富的玩物，《官场现形记》所描写的候补道笑话最多。想不到到了清代末年时，居然有这么多的高官显要是由这条路上得到飞黄腾达的。段芝贵、赵秉钧、朱启钤、施肇基，后来都是北洋政府中的要员，可知他们的奥援是先为直隶总督而后入军机的袁世凯。至于段芝贵后来以购献歌妓杨翠喜的方式巴结庆王之子载振的故事，更是人所共知的事，在这里也不须多述了。这种事例，更足以说明，清代末年钻营奔竞之风日盛的原因，便是朝中权要之可以不拘资格用人。丁未，是光绪三十三年，赵尔丰能以一个四品的道员超四阶护理四川总督，直凌藩、臬二司而上之，亦无非由于朝中有大力奥援之故。在这段时间内，奕劻、袁世凯当权用事，而一切用人行政的旧规矩纷纷破坏，正是贪官和野心家可以大展身手的时候，于是乃出现了光宣之间京官朝士靡然从风的奔竞钻营之习。至于他们之所以能“侈然以声色货利相尚”，则与他们当时所能得到的俸禄有关。

诚如瞿宣颖所说，光绪中叶以前的京曹士大夫生活甚为清苦，其原因是由于他们的禄入有限，仅赖每年分得的一百数十两同乡印结费挹注，为数亦复不多，所以不得不勉强撙节用度，苦熬年资，否则就无法维持京中的生活了。这种情形，到了废科举、行新政之后也有了改变，原因是新设立的衙门俸给甚优，各人的荷包充实，便可以“侈然以声色货利相尚”，而昔日之朴实风气一变矣。杨寿枏所撰的《觉花寮杂记》卷一，曾有关于这方面的记述，说：

> 余自庚寅入都，浮沉人海三十余年，世运人才，江河日下。光绪中叶，京朝官风气渊雅，犹有承平余习。所居皆在宣武城南，衡宇相望。曹务多暇，互相过从，流连咏觞，斟酌图史，或僧寺看花，或旗亭赌酒，薄笨可以代步，鱼菽可以留宾。俸入无多，专恃印结费，（原注：外官赴部铨选，皆须京官出结。）月得数十金即充然有余。士以科目而进，官以资格而升，故人人无徼幸之心，爱名节而羞势利。辛丑以后，举行新政，外务、民政、农工商，邮传各部次第增设，升转既速，禄糈亦优。于是贵介之子凭藉门荫，新学之士游扬声誉，一经调部，无异登仙。钻营之窦既开，结纳之风日盛，苞苴狼藉，裘马轻肥，流品杂而吏道污，京曹风气乃一变矣。有人改成语曰：“励精图乱，发愤为雌，下诏罪人，破格

用我”，虽戏语亦切中当日之病。余素性不喜征逐，不善逢迎，惟橐笔握算，终日坐曹治文书草章奏。由内阁中书考取商部主事，五年而至参议。然寮寀之腾达者，或一岁而迁数官，或一身而兼品数职，以余视之，犹望尘不及矣。

清朝的内阁中书，官七品，主事六品，郎中五品。至于新设的丞、参——丞三品，参议四品，位于旧制的郎中之上。杨寿枏由内阁中书改商部主事，五年而至参议，在他虽是循资渐进，但若以旧制而言，由六品升五品，有所谓“九转成丹”的谚语，意谓须历转九官，方能由主事升至郎中，这期间所需的时间，有时竟可长达十年，然则杨寿枏在商部的升转可谓快速，这又不得不归功于“新衙门”之不需拘于常格了。较杨寿枏之升迁更快的，在当时的实例极多。曾在学部中任主事的陈衍就曾说过：

初，学部尚侍丞参及各司员皆采访虚声，将京外各官及无职人员奏调咨补，破格擢用。故严修以编修、宝熙以学士擢侍郎，乔树枏以郎中、李家驹以编修擢左右丞，江瀚以布衣、罗振玉以诸生、陈启以县令充参事。

## 新衙门之官员俸禄极优

新设立的衙门因无旧规可循而破格用人，因破格用人而破格迁擢，于是本来无资格可以入选的人也因此而被选上了，不论是权要子弟或是夹袋中的私人，此时都可以尽量出笼，而不必顾虑到资格或出身的问题。学部如此，他部当然亦同。如民国时做到总统的北洋派大人物徐世昌，由国子监司业调为新设的商部左丞，便是由六品遽升三品的另一个实例。新衙门的升转之速于此可见。而且不仅此也，新设立的农工商部和邮传部、外务部等，都是有钱的机关。邮传部主管铁路轮船，在当时被视为金饭碗，禄入之优可想。外务部虽然没有自己的收入，其经费支出却极为庞大。其他不必说，即以部中官员的额设饭食银而言，当时规定每一官员的部中供给午餐，每人每餐的饭食银是白银八钱，八人一桌，每桌用银六两四钱。以清代末年的物价而言，白米一石不过值银三两，外务部官员的午餐，居然每桌用银至六两四钱，其奢侈靡费的情形当可想见，其薪禄之优厚亦更可想见，惟其如此，所以当时这些新衙门中的司员们，生活极为阔绰。瞿宣颖在“一自光宣之交，外省奔竞之习输入京师，侈然以声色货利相尚，而前辈淳雅之风，几于扫地矣”这一段话之后，续说：

> 汪穰卿笔记载，闽京官四人为食鱼翅之会，费至数百金。有为诗嘲京官者曰：“六街如砥电镫红，彻夜轮蹄西复东。天乐看完看庆乐，惠丰吃完吃同丰。头衔强半郎员主，谈助无非白发中。除却早衙签卯字，闲来只是逛胡同。”喧寂雅俗之殊，一至于此。民国以来，京曹多以兼差相夸尚，除其本缺之俸三、五百元外，在他部更挂一名，辄又得二、三百元，黠者至月累数千元。其奖励奔竞，殆弥甚于前清。

上面所说的“天乐”和“庆乐”，都是当时的戏园子，“惠丰”与“同丰”，则是菜馆的名字。至于所谓“头衔强半郎员主”，指各部中的郎中、员外郎、主事而言，秩五品至六品，正是一般所惯称的“京曹”或“部曹”。然而此时他们所逐日忙碌奔走的，一是听戏，二是上菜馆，三是打麻将，所谓谈助无非“白发中”者，正是专指麻将牌中的白板、发财、红中而言。演变至此，不但昔日京曹官清苦自守的朴素儒雅风气扫地以尽，即是当时社会所一贯秉持的恬淡节俭习俗，也为这种嚣张浮薄的风气所濡染，很快地趋向奢侈浮华之途。反映在官场上的，第一是贪污风气之盛，第二是麻将牌之普遍流行，而这二者之间却又有着连带的关系。

## 庆亲王奕劻父子均深谙“政治麻将”之道

清代末年官场贪污风气之盛，当朝的慈禧太后与秉政的庆亲王奕劻二人，当负最大的责任，因为他们二人就是领导大小官员从事贪污搜括的领袖人物。慈禧好货贿而奕劻以此为取得慈禧欢心的手段，于是，他的贪污行为被慈禧所默许，而政治上的腐败黑暗乃日甚一日。奕劻以什么方法来满足慈禧好货贿的心理？这可以看胡思敬在《国闻备乘》中的记述，《国闻备乘》卷三，“叉麻雀”一条说：

> 麻雀之风，起自宁波沿海一带，后渐染于各省。近数年来，京师遍地皆是。薪俸既丰，司员衙散，辄相聚开赌，以此为日行常课。肃亲王善耆，贝子载振，皆以叉麻雀自豪。孝钦（按即慈禧太后，孝钦为其死后之谥号）晚年，宫中无事，亦颇好此戏。奕劻遣两女入侍，日挟金数千与博，辄佯负，往往空手而归。内监宫婢，各有赏犒，每月非数万金不足供挥霍。又自西巡以后，贡献之风日盛，奕劻所献尤多。孝钦亦颇谅之，尝语人曰：“奕劻死要钱，实负我。我不难去奕劻，但奕劻既去，宗室中又谁可用者?”盖奕劻贪婪之名，上下皆直言不讳，言路以是参之，宜孝钦付之一笑也。然孝钦既知其弊，不急罢贡献，犹纵两格格入宫，以博弈戏弄为事，则未免累于嗜好矣。

奕劻以打麻将输钱的方式博取慈禧太后的欢心，这种麻将早就有了专用名词，即是现代所谓之“政治麻将”，不但其输钱有其政治目的，打麻将的技术也必须特高一等，否则必无法揣测对方手中的牌张，而专打他所需要的牌来使他赢钱了。麻将虽是赌博，一旦被应用到政治上来，所发生的后果便非同小可了。

与此相类的，还有奕劻的宝贝儿子载振。当他在作农工商部尚书时，为求作官而钻营门路的，也曾有人利用打政治麻将的方式来博取载振的欢心，以期能失之东隅而收之桑榆。《国闻备乘》卷二，“商部捷径”一条说：

商部既设，小人皆由是取径而入，不独堕坏朝纲也。盖全国之权寄于奕劻，奕劻之权又寄于载振，载振又转寄权于商部二三宵小之手，京朝议论纷纷，皆称商部为小政府。其时任丞参者，左丞徐世昌、唐绍仪、陈璧，不一年即升侍郎，先后为本部尚书；右丞杨士琦、唐文治旋升本部侍郎，参议沈云沛旋升吏部侍郎，其余候补丞参司员，起家至大官者不可缕数。吾乡巨富称萧、周，其子弟入京求官，为小人所诱。萧敷训报效十万金办万牲园，徒得京堂虚衔；周维藩日陪载振斗马吊输至十余万，但派会计司行走而已。倾赀经营仕宦，盖亦有巧拙钝捷之分，非皆操券而获也。

## 以诗钟与麻将同科，乃春秋责备贤者之意

载振，在清代末年是打麻将的高手，周维藩为了陪他打政治麻将而一输十余万金，其他能得其欢心的亲信干部，想必也是日日陪侍载振打麻将为其专长的了。所谓“上有所好，下必有甚焉”，在这种情形之下。如之何不使京朝士大夫们在办公之暇，日日在麻将桌上讨其生涯呢？又河况麻将牌中的趣味更足以消磨其志气与精神呢？

清代末年，外侮日亟，国势凌夷，满清政府在民穷财尽之余，多方从事苛税重敛以从事维新改革。想不到提高官员待遇所得的结果，一是促成了京朝士大夫的奔竞钻营之风，二是养成了他们游手好闲而沉湎于麻将赌博的习性。这种风气逐渐形成了之后，不但官场中充满了醉生梦死的恶劣空气，连带地使社会人心也日益趋向于委靡颓唐的道路，驯致举国从风，懵懵然不知国家之将亡。清代末年，各国列强方环伺而谋瓜分中国，然而自最高统治者慈禧太后以至朝中士大夫，却日日从事于酒食征逐及麻将生涯之中，如之何不使稍有人心者为之痛心疾首呢？冯煦之所以要指麻将为“亡清之宗”，正是因为心有所痛，而不觉其辞之过激的话。至于他之所以要将诗钟视为麻将一类的罪魁祸首，则亦可以有另一种解释。

张之洞在清代末年甚有时誉，当他还在武昌做湖广总督时，就已与当时的北洋大臣兼直隶总督袁世凯同被称为督抚中的翘楚。光绪三十三年朝局变革，反对庆亲王奕劻的军机大臣瞿鸿禨，被奕劻与袁世凯联合起来摒出政府，张之洞与袁世凯同时被内召为军机大臣。

在当时人的心目中，庆亲王与袁世凯本是一丘之貉，一个贪财货而一个有野心，都是被人视为危险人物的，惟有张之洞不然，这不但因为他是纯粹的读书人，也因为他过去的名声一直都很清白廉洁之故。他在这种情形之下内召为军机大臣，参与国家大政，自然不免使人对他产生很多期望——希望他在入参大政之后能够力挽政治颓风，跻国家于富强。然而他在这些地方是不免很使人失望的。胡思敬《国闻备乘》卷四，“张之洞抑郁而死”一条说：

> 张之洞晚年，见新学猖狂，颇有悔心。自新名词盛行，公牍奏稿，揉和通用，之洞尤恶之。一日部员进稿，中有“公民”二字，裂稿抵地大骂。然新政创自湖北，废科举专办学堂，事极孟浪，实由之洞主持，

既提倡在先，不能尽反前议，袖手嗟叹而已。及袁世凯既罢，无人掣肘，自料可伸己志。已而亲贵尽出揽权，心甚忧之。军谘府之设，争之累日不能入。唐绍仪为袁世凯死党，监国欲委以津浦铁路，之洞不可，绍仪闻而衔之。先是，粤汉铁路拒美款，本谓收回自办，旋以款绌，又改借英债，皆之洞为政。绍仪因是嗾美使诘路事以撼之洞。之洞生平多处顺境，晚岁官愈高而境愈逆，由是郁郁成疾。疾甫作即知不起，急将平日诗稿自编为《广雅堂集》。计其在位，先后几五十年，官至大学士兼军机大臣，临死乃欲与文士争名，其自处盖可知矣。

这一段皮里阳秋的话，对于张之洞早年力赞新政，贻误大局，晚年又自悔前非而无所作为之种种表现，深致不满，凡是对清末时政稍有了解的当时朝士，大概都会同意这样的批评。对于这样一个身负国家重任而孟浪从事的声望重臣，冯煦不便显言诋斥，只好举出他在湖北提倡诗钟一事来加以指责，无非是春秋责备贤者之意，言虽在此而意实在彼，殊不可以真的以为冯煦竟连这一点分别的能力都没有，乃致以诗钟与麻将同科，那就太不了解冯煦的本意了。(按，张之洞在内调为大学士兼军机大臣后，仍好唱诗钟。江庸《趋庭随笔》就说："诗钟之作，始于吾闽，光绪初盛行南北，张文襄尤好之，迨入政府，仍不辍"，云云。但此时的张之洞，毕竟不是在湖北做土皇帝时代的张之洞了，即使他仍然好此不疲，朝中士大夫也不可能因张之洞的爱好此道而群趋于此。更何况此时的张之洞并无实际权力，也不可能以他自己的好尚影响风气。所以，诗钟对于社会风气的影响，与张之洞的内调为军机大臣一事并无正相关。诗钟亡国之说，显然是对于张之洞避重就轻的指责。)